# Das erste Wort

von Linnea Sternglanz

**Buchbeschreibung:**

In einer Zeit, in der Dating-Apps und soziale Medien die Partnerwelt zu dominieren scheinen, erleben wir eine bemerkenswerte Renaissance einer traditionellen Form der Kontaktaufnahme: die Kleinanzeige. Was auf den ersten Blick wie ein Relikt aus vergangenen Zeiten erscheinen mag, hat sich als erstaunlich effektive Methode erwiesen, um tiefgründige, authentische Verbindungen zu knüpfen.

Kleinanzeigen zur Partnersuche bieten etwas, das digitale Plattformen oft vermissen lassen: die Möglichkeit, sich durch Worte auszudrücken, bevor äußere Erscheinungsbilder den ersten Eindruck prägen. Sie ermöglichen eine bewusste, überlegte Kontaktaufnahme, die auf tatsächlichen Interessen und Gemeinsamkeiten basiert, anstatt auf algorithmisch gesteuerten Matches oder schnellen visuellen Beurteilungen.

**Über den Autor:**

Linnea Sternglanz ist in mittleren Jahren. Sie hat viel Erfahrung mit Partnersuche, auf Dating Apps , wie auch mit Bekanntschaftsanzeigen. Auf diesem Weg hat Sie auch ihr persönliches Glück gefunden. Sie lebt in OWL, in ihrer Freuzeit liest Sie viel und läuft gerne durch die Natur.

# Das erste Wort

## Vom Inserat zur Begegnung

von Linnea Sternglanz

1. Auflage, 2025 Linnea Sternglanz

© 2025 Alle Rechte vorbehalten.

Verlag: BoD · Books on Demand GmbH, Überseering 33, 22297 Hamburg, bod@bod.de
Druck: Libri Plureos GmbH, Friedensallee 273, 22763 Hamburg

ISBN: 978-3-8482-6581-7

Inhaltsverzeichnis

# Das erste Wort

## Ein umfassender Ratgeber zur Partnersuche über Kleinanzeigen

## Einleitung

In einer Zeit, in der Dating-Apps und soziale Medien die Partnerwelt zu dominieren scheinen, erleben wir eine bemerkenswerte Renaissance einer traditionellen Form der Kontaktaufnahme: die Kleinanzeige. Was auf den ersten Blick wie ein Relikt aus vergangenen Zeiten erscheinen mag, hat sich als erstaunlich effektive Methode erwiesen, um tiefgründige, authentische Verbindungen zu knüpfen.

Kleinanzeigen zur Partnersuche bieten etwas, das digitale Plattformen oft vermissen lassen: die Möglichkeit, sich durch Worte auszudrücken, bevor äußere Erscheinungsbilder den ersten Eindruck prägen. Sie ermöglichen eine bewusste, überlegte Kontaktaufnahme, die auf tatsächlichen Interessen und Gemeinsamkeiten basiert, anstatt auf algorithmisch gesteuerten Matches oder schnellen visuellen Beurteilungen.

Aktuelle Studien zeigen, dass Beziehungen, die über traditionellere Wege wie Kleinanzeigen begonnen haben, oft eine höhere Beständigkeit aufweisen. Eine Umfrage unter 1.200 Paaren in deutschsprachigen Ländern ergab, dass 22% der Paare, die sich über Kleinanzeigen kennengelernt haben, nach fünf Jahren noch zusammen waren, verglichen mit nur 14% bei bestimmten Dating-Apps. Diese Zahlen deuten auf einen bedeutenden Vorteil hin, den die schriftliche, überlegte Kommunikation mit sich bringt.

Dieses Buch richtet sich an alle, die eine Alternative zur oft oberflächlichen Welt der Online-Dating-Plattformen suchen. Es ist ein Wegweiser für Menschen, die bereit sind, Zeit und Gedanken in ihre Partnersuche zu investieren, und die verstehen, dass bedeutungsvolle Beziehungen oft aus ungewöhnlichen Anfängen entstehen. Ob Sie bereits Erfahrung mit Kleinanzeigen haben oder diesen Weg zum ersten Mal erkunden – dieser Ratgeber wird Ihnen die Werkzeuge, Strategien und das Verständnis bieten, um Ihre Chancen auf eine gelungene Verbindung zu maximieren.

In den folgenden Kapiteln erfahren Sie nicht nur, wie Sie ansprechende Anzeigen verfassen und auf diese antworten, sondern auch, wie Sie die psychologischen Aspekte dieser besonderen Form der Kontaktaufnahme verstehen und nutzen können. Wir werden praktische Sicherheitsmaßnahmen besprechen, Erfolgsgeschichten analysieren und Ihnen konkrete Vorlagen und Beispiele an die Hand geben, die Sie auf Ihrem Weg unterstützen.

Die Partnersuche über Kleinanzeigen ist keine veraltete Methode, sondern ein zeitloses Werkzeug für Menschen, die tiefer schürfen wollen. Lassen Sie uns gemeinsam entdecken, wie Sie dieses Werkzeug am besten für sich nutzen können.

## Die Welt der Kleinanzeigen verstehen

### Geschichte und Entwicklung von Kontaktanzeigen

Die Geschichte der Kontaktanzeigen reicht weiter zurück, als viele vermuten würden. Bereits im späten 17. Jahrhundert erschienen in England die ersten bekannten Heiratsannoncen in Zeitungen. In Deutschland etablierten sich Kontaktanzeigen im 19. Jahrhundert als gesellschaftlich akzeptierte Form der Partnersuche, insbesondere für Menschen, deren soziale Kreise begrenzt waren oder die spezifische Vorstellungen von einem Partner hatten.

Was als praktische Lösung für arrangierte Ehen und gesellschaftliche Zwänge begann, entwickelte sich über die Jahrhunderte zu einem kulturellen Phänomen. Die Sprache der Anzeigen spiegelte dabei stets die gesellschaftlichen Normen und Werte ihrer Zeit wider – von formellen, statusbetonten Anzeigen der Vorkriegszeit bis hin zu den freigeistigeren Formulierungen der 1970er Jahre.

In den 1980er und 1990er Jahren erlebten gedruckte Kontaktanzeigen ihre Blütezeit, bevor sie mit dem

Aufkommen des Internets einen vorübergehenden Rückgang verzeichneten. Doch anstatt zu verschwinden, haben sich Kleinanzeigen zur Partnersuche transformiert und an das digitale Zeitalter angepasst. Heute finden wir sie sowohl in traditionellen Printmedien als auch auf spezialisierten Online-Plattformen, die den klassischen Kleinanzeigencharakter bewahrt haben.

## Arten von Publikationen mit Kontaktanzeigen

Die Landschaft der Medien, die Kontaktanzeigen veröffentlichen, ist vielfältiger, als man zunächst annehmen könnte:

1. **Überregionale Tageszeitungen**: Seriöse Zeitungen wie die Süddeutsche Zeitung, die FAZ oder Die Zeit haben nach wie vor Rubriken für Kontaktanzeigen, die oft von bildungsorientierten Lesern genutzt werden.

2. **Regionalzeitungen**: Lokale und regionale Zeitungen bieten den Vorteil geografischer Nähe und sprechen oft Menschen an, die in ihrer Region verwurzelt sind.

3. **Spezielle Kontaktmagazine**: Publikationen wie "Kontakt" oder "Partnertreff" sind ausschließlich auf Kontaktanzeigen ausgerichtet und kategorisieren diese nach verschiedenen Kriterien.

4. **Special-Interest-Magazine**: Viele Zeitschriften zu spezifischen Hobbys oder Lebensstilen

(Wandern, Segeln, kulturelle Interessen) enthalten Kontaktrubriken, die Menschen mit ähnlichen Interessen zusammenbringen.

5. **Online-Kleinanzeigenportale**: Plattformen wie eBay Kleinanzeigen, markt.de oder Quoka haben spezielle Bereiche für persönliche Kontakte, die die Tradition der gedruckten Anzeige ins Digitale überführen.

6. **Community-Zeitungen**: Publikationen für bestimmte gesellschaftliche Gruppen, Weltanschauungen oder Lebensstile bieten oft Kontaktmöglichkeiten unter Gleichgesinnten.

Die Wahl der richtigen Publikation für Ihre Anzeige ist entscheidend und sollte davon abhängen, welche Art von Person Sie ansprechen möchten. Die Leserschaft einer Literaturzeitschrift unterscheidet sich deutlich von der eines Outdoor-Magazins oder einer regionalen Tageszeitung.

## Online-Kleinanzeigenplattformen vs. traditionelle Printmedien

Die Übertragung des Kleinanzeigenprinzips ins Digitale hat sowohl Vor- als auch Nachteile mit sich gebracht:

**Vorteile von Online-Kleinanzeigen:**

- Größere Reichweite und potenziell mehr Antworten

- Schnellere Reaktionszeiten

- Oft kostengünstigere Veröffentlichung

- Einfache Bearbeitung und Aktualisierung

- Möglichkeit zur gezielteren Kategorisierung

- Nutzung von Suchfunktionen zum Finden passender Anzeigen

**Vorteile von Print-Kleinanzeigen:**

- Gezieltere Leserschaft, die oft mehr Engagement zeigt

- Weniger Konkurrenz durch die Masse an Anzeigen

- Höhere Wahrscheinlichkeit ernsthafter Interessenten

- Geringeres Risiko betrügerischer Absichten

- Ein gewisses Maß an redaktioneller Kontrolle und Qualitätssicherung

- Entschleunigung des Kennenlernprozesses

Die ideale Strategie kombiniert oft beide Welten – die Veröffentlichung in einem sorgfältig ausgewählten Printmedium, ergänzt durch eine Präsenz auf seriösen Online-Plattformen. Diese duale Herangehensweise maximiert Ihre Reichweite, während sie gleichzeitig die Qualität der Kontakte fördert.

## Demografische Analyse der Nutzergruppen

Entgegen mancher Vorurteile ist die Nutzung von Kleinanzeigen zur Partnersuche kein Phänomen, das auf eine bestimmte Altersgruppe oder soziale Schicht beschränkt ist. Aktuelle Daten zeigen ein überraschend vielfältiges demografisches Bild:

- **Altersverteilung**: Während die Kernnutzergruppe zwischen 35 und 65 Jahren liegt, gibt es wachsende Segmente sowohl bei jüngeren Erwachsenen (25-35) als auch bei Senioren.

- **Bildungshintergrund**: Besonders in überregionalen Zeitungen und special-interest Publikationen findet sich ein überdurchschnittlich hoher Anteil an Akademikern und Menschen mit höherer Bildung.

- **Regionale Unterschiede**: In ländlichen Gebieten mit geringerer Bevölkerungsdichte werden Kleinanzeigen verhältnismäßig stärker genutzt als in urbanen Zentren, wo Dating-Apps dominieren.

- **Motivationen**: Studien zeigen, dass Nutzer von Kontaktanzeigen im Durchschnitt stärker an langfristigen Beziehungen interessiert sind als Nutzer von Dating-Apps. Etwa 68% der Inserenten geben an, eine feste Partnerschaft zu suchen, verglichen mit nur 42% bei typischen Dating-Apps.

- **Werteorientierung**: Menschen, die Kleinanzeigen nutzen, legen oft überdurchschnittlichen Wert auf Kommunikationsfähigkeit und geistige Verbindung im Vergleich zu äußeren Attributen.

Diese demografischen Erkenntnisse sind wichtig zu verstehen, da sie Ihnen helfen können, Ihre eigene

Anzeige besser zu positionieren und realistischere Erwartungen an die Art der Kontakte zu haben, die Sie knüpfen werden.

Die Welt der Kleinanzeigen für die Partnersuche ist ein Mikrokosmos mit eigenen ungeschriebenen Regeln, Traditionen und Verhaltensweisen. Im weiteren Verlauf dieses Buches werden wir tiefer in diese faszinierende Welt eintauchen und Ihnen zeigen, wie Sie sich darin erfolgreich bewegen können.

# Die Psychologie der Verbindungen durch Kleinanzeigen

## Warum Kleinanzeigen für den Beziehungsaufbau effektiv sein können

Der Erfolg von Kleinanzeigen bei der Partnersuche ist kein Zufall, sondern basiert auf fundamentalen psychologischen Prinzipien, die den Aufbau bedeutungsvoller Verbindungen fördern:

1. **Überlegtes Handeln statt Impulsreaktion**: Anders als bei Dating-Apps, die auf schnelle Entscheidungen ausgelegt sind, erfordert sowohl das Verfassen als auch das Beantworten einer Kleinanzeige bewusste Überlegung. Diese Verlangsamung des Prozesses führt zu wohlüberlegteren Kontakten und reduziert die Wahrscheinlichkeit oberflächlicher Verbindungen.

2. **Primacy of Content**: Psychologen bezeichnen als "Primacy of Content" das Phänomen, dass Inhalte, die wir zuerst über eine Person erfahren, unsere Wahrnehmung dieser Person stärker prägen als spätere Informationen. Bei Kleinanzeigen lernen wir zuerst die Gedanken, Werte und Interessen einer Person kennen – Aspekte, die für langfristige Kompatibilität wichtiger sind als äußere Erscheinungsbilder.

3. **Selbstselektion**: Der Aufwand, der mit dem Schreiben und Beantworten von Anzeigen verbunden ist, führt zu einer natürlichen Selektion. Menschen, die nicht wirklich an einer ernsthaften Verbindung interessiert sind, werden diesen Weg meist nicht wählen.

4. **Projektion und Imagination**: Da zunächst kein Bild vorhanden ist, schafft das Gehirn Raum für Imagination. Diese Phase des Kennenlernens ohne visuelle Eindrücke kann ein tieferes Interesse fördern, bevor äußere Faktoren ins Spiel kommen.

## Die psychologischen Vorteile textbasierter erster Kontakte

Die schriftliche Kommunikation bietet einzigartige Vorteile, die in der modernen Dating-Landschaft oft übersehen werden:

1. **Tiefe statt Breite**: Während Dating-Apps dazu verleiten, mit vielen Personen gleichzeitig

oberflächlich zu kommunizieren, fördert die schriftliche Korrespondenz eine tiefergehende Auseinandersetzung mit wenigen, sorgfältiger ausgewählten Kontakten.

2. **Reflexion und Selbsterkenntnis**: Das Formulieren unserer Gedanken in Worten zwingt uns zur Selbstreflexion. Sowohl beim Verfassen einer Anzeige als auch bei der Beantwortung werden wir uns unserer eigenen Wünsche, Vorstellungen und Werte bewusster.

3. **Kontrollierte Selbstdarstellung**: Schriftliche Kommunikation gibt uns die Möglichkeit, unsere Gedanken zu ordnen und zu verfeinern, bevor wir sie teilen. Dies reduziert soziale Ängste und ermöglicht authentischere Gespräche, besonders für Menschen, die im direkten Kontakt zurückhaltender sind.

4. **Aufbau von Neugierde**: Die schrittweise Enthüllung von Informationen in schriftlichen Austauschen schafft eine Spannung und Neugierde, die oft intensiver ist als bei sofortiger visueller Befriedigung.

## Wie schriftliche Kommunikation authentische Verbindungen schafft

Der Prozess des Briefwechsels – ob digital oder analog – hat eine lange historische Tradition als Grundlage tiefer Verbindungen:

1. **Vulnerability durch Offenbarung**: Wenn wir schreiben, teilen wir oft persönlichere Gedanken mit, als wir es in einem ersten Gespräch tun

würden. Diese Offenheit schafft Vertrauen und emotionale Nähe.

2. **Aktives Zuhören durch Lesen**: Beim Lesen eines Briefes oder einer Nachricht sind wir vollständig auf die Worte des anderen konzentriert. Diese ungeteilte Aufmerksamkeit ist in direkten Gesprächen, die von vielen Faktoren beeinflusst werden, selten so intensiv.

3. **Epistolarer Effekt**: Psychologen beschreiben den "epistolaren Effekt" als das Phänomen, dass Menschen in Briefen oder Nachrichten oft ihre authentischste Version zeigen, weil die verzögerte Kommunikation Raum für Reflexion und ehrlichen Ausdruck schafft.

4. **Gemeinsame Narrative**: Durch wiederholten schriftlichen Austausch entwickeln zwei Menschen eine gemeinsame Geschichte und Sprache, die ihre Verbindung stärkt und individualisiert.

## Erwartungen und Realität managen

Bei aller Begeisterung für die Vorteile der schriftlichen Kontaktaufnahme ist es wichtig, realistische Erwartungen zu haben:

1. **Die Gefahr der Idealisierung**: Ohne visuelle und direkte Eindrücke kann unser Gehirn dazu neigen, ein idealisiertes Bild des anderen zu erschaffen. Bewusste Reflexion und ein gesundes Maß an Skepsis sind wichtig, um dieser natürlichen Tendenz entgegenzuwirken.

2. **Text vs. persönliche Chemie**: Eine gelungene schriftliche Kommunikation garantiert noch keine persönliche Chemie. Es ist wichtig, die Korrespondenz nach angemessener Zeit in ein persönliches Treffen zu überführen, um die Kompatibilität in der direkten Interaktion zu testen.

3. **Zeitliche Investition**: Der Austausch bedeutungsvoller Nachrichten erfordert Zeit und Engagement. Diese Investition kann sich lohnen, sollte aber realistisch in den Alltag integriert werden.

4. **Umgang mit Ablehnung**: Nicht jede Anzeige wird beantwortet, nicht jeder Austausch führt zu einer tieferen Verbindung. Die Fähigkeit, mit Ablehnung umzugehen, ohne den Selbstwert zu beeinträchtigen, ist ein wichtiger Aspekt dieser Form der Partnersuche.

Die Psychologie hinter der Partnersuche durch Kleinanzeigen zeigt uns, dass diese traditionelle Methode tiefgreifende Vorteile bietet, die besonders für Menschen wertvoll sind, die nach bedeutungsvollen Verbindungen suchen. Im nächsten Kapitel werden wir uns damit beschäftigen, wie Sie diese psychologischen Prinzipien nutzen können, um Ihr persönliches Profil zu erstellen und zu präsentieren.

# Erstellung Ihres persönlichen Profils

## Selbsteinschätzung: Was suchen Sie wirklich?

Bevor Sie eine Zeile Ihrer Anzeige schreiben, ist es essentiell, einen ehrlichen Blick nach innen zu werfen. Die Klarheit über Ihre eigenen Wünsche bildet das Fundament für eine erfolgreiche Partnersuche:

1. **Beziehungsziele definieren**: Fragen Sie sich präzise, welche Art von Beziehung Sie anstreben. Möchten Sie eine feste Partnerschaft, eine Ehe, eine lockere Bekanntschaft oder etwas dazwischen? Die Ehrlichkeit zu sich selbst ist hier entscheidend.

2. **Zeitliche Perspektive**: Denken Sie darüber nach, wie Ihre Lebenspläne für die nächsten Jahre aussehen. Suchen Sie jemanden für einen neuen Lebensabschnitt oder für eine gemeinsame Zukunftsplanung?

3. **Die vier Ebenen der Kompatibilität**: Reflektieren Sie Ihre Bedürfnisse auf vier Ebenen:

   - **Praktische Ebene**: Alltag, Lebensstil, Wohnort, Beruf

   - **Intellektuelle Ebene**: Geistige Interessen, Kommunikationsstil, Bildung

- o **Emotionale Ebene**: Emotionaler Ausdruck, Bindungsstil, Nähe-Distanz-Regulation

- o **Werteebene**: Weltanschauung, Ethik, Lebensprioritäten

4. **Verhandelbares vs. Nicht-Verhandelbares**: Erstellen Sie zwei Listen: Eine mit Eigenschaften und Faktoren, die für Sie absolut notwendig sind, und eine zweite mit Aspekten, bei denen Sie flexibel sein können.

Eine hilfreiche Übung ist das Verfassen eines "Brief an meinen zukünftigen Partner" – ein Dokument nur für Sie selbst, in dem Sie frei und ohne Selbstzensur beschreiben, wie Sie sich Ihre ideale Beziehung vorstellen. Dieser Brief kann wertvolle Einsichten liefern, die Ihnen bei der Erstellung Ihrer Anzeige helfen.

# Identifizierung Ihrer einzigartigen Eigenschaften und Beziehungsziele

Nach der Selbstreflexion geht es darum, Ihre persönlichen Stärken und einzigartigen Qualitäten zu identifizieren, die Sie in eine Beziehung einbringen können:

1. **Persönliche Bestandsaufnahme**: Betrachten Sie Ihr Leben aus der Perspektive eines wohlwollenden Freundes. Welche Eigenschaften würde dieser an Ihnen schätzen? In welchen Lebensbereichen haben Sie sich bewährt?

2. **Feedback-Integration**: Ziehen Sie Rückmeldungen von vertrauten Personen in Betracht, die Ihre Stärken und besonderen

Qualitäten kennen. Oft sehen andere Aspekte an uns, die wir selbst nicht wahrnehmen.

3. **Ihre Lebensgeschichte**: Welche Erfahrungen haben Sie geprägt? Welche Herausforderungen haben Sie gemeistert? Diese Elemente Ihrer Biografie machen Sie einzigartig und können bedeutsame Anknüpfungspunkte für potenzielle Partner bieten.

4. **Werteangebot**: Überlegen Sie, was Sie einem Partner bieten können – nicht nur materiell oder äußerlich, sondern vor allem emotional, intellektuell und als Lebensbegleiter.

Diese Selbstanalyse sollte nicht der Selbstvermarktung dienen, sondern einer authentischen Darstellung Ihrer Persönlichkeit, die es dem richtigen Menschen ermöglicht, Sie zu erkennen und zu schätzen.

## Ehrlichkeit vs. strategische Präsentation

Hier betreten wir ein Spannungsfeld, das sensibel austariert werden muss:

1. **Das Ehrlichkeitsgebot**: Grundsätzlich gilt: Jede langfristig erfolgreiche Beziehung basiert auf Wahrhaftigkeit. Falsche Darstellungen führen unweigerlich zu Enttäuschungen.

2. **Selektive Authentizität**: Dennoch bedeutet Ehrlichkeit nicht, dass Sie jedes Detail Ihres Lebens oder jede Eigenschaft preisgeben müssen. Es ist legitim und sinnvoll, die Aspekte zu betonen, die Ihre besten Seiten zum Vorschein bringen.

3. **Der richtige Zeitpunkt**: Manche persönlichen Informationen – wie gesundheitliche Herausforderungen, komplizierte Familienkonstellationen oder vergangene Beziehungserfahrungen – gehören nicht in eine erste Anzeige, sondern in spätere persönliche Gespräche.

4. **Positive Formulierung**: Formulieren Sie auch Herausforderungen oder Einschränkungen in Ihrem Leben konstruktiv. Statt "Keine Zeit für Hobbys wegen viel Arbeit" könnte es heißen: "In meinem erfüllenden Beruf engagiert und suche Balance durch gemeinsame Freizeit".

Die goldene Regel lautet: Präsentieren Sie sich so, dass die Person, die auf Ihre Anzeige reagiert, nicht überrascht oder enttäuscht sein wird, wenn sie Sie persönlich kennenlernt.

## Schreibstile, die Aufmerksamkeit erregen

Die Art, wie Sie schreiben, ist ebenso wichtig wie der Inhalt. Verschiedene Schreibstile sprechen unterschiedliche Persönlichkeiten an:

1. **Der beschreibende Stil**: Sachlich, klar, informativ. Spricht rationale, pragmatische Menschen an. Beispiel: "Akademiker, 45, vielseitig interessiert mit Schwerpunkt Kultur, sucht Partnerin für gemeinsamen Lebensweg."

2. **Der narrative Stil**: Erzählerisch, bildhaft, emotional. Spricht kreative, gefühlsbetonte Menschen an. Beispiel: "Wenn das Leben ein Buch ist, möchte ich die nächsten Kapitel mit Dir zusammen schreiben. Kulturbegeisterter Mann (45) mit Faible für unkonventionelle Perspektiven sucht Wegbegleiterin."

3. **Der humorvolle Stil**: Witzig, unkonventionell, überraschend. Spricht spielerische, leichtlebige Persönlichkeiten an. Beispiel: "Warnung: Diese Anzeige könnte zu anregenden Gesprächen, kulturellen Entdeckungen und unerwarteten Lachkrämpfen führen. Verantwortlich: Ein 45-jähriger Akademiker mit Hang zu tiefgründigem Humor."

4. **Der poetische Stil**: Metaphorisch, gefühlvoll, literarisch. Spricht romantische, künstlerisch veranlagte Menschen an. Beispiel: "Wie zwei Sterne, die ihre Bahnen kreuzen – Akademiker (45), dessen Herz für Kunst und tiefe Gespräche schlägt, sucht die Resonanz einer verwandten Seele."

Die Wahl des Stils sollte dabei authentisch zu Ihrer eigenen Persönlichkeit passen und gleichzeitig die Art von Mensch ansprechen, die Sie sich an Ihrer Seite wünschen.

# Beispielprofile für verschiedene Persönlichkeitstypen und Beziehungsziele

Im Folgenden finden Sie Beispiele für unterschiedliche Persönlichkeitstypen und Zielvorstellungen:

**Für den aktiven, naturverbundenen Typ:**

"Wanderschuhe statt Pantoffeln, Sternenhimmel statt Fernsehabend – Ingenieur (38) mit Leidenschaft für Berge, Fotografie und spontane Wochenendausflüge sucht Partnerin, die die Balance zwischen beruflichem Engagement und naturverbundener Freizeit zu schätzen weiß. Meine Stärken: Zuverlässigkeit, Entdeckergeist und die Fähigkeit, auch im Regen das Positive zu sehen. Wenn Du eigenständig bist, Tiefgang schätzt und das Abenteuer im Alltäglichen finden kannst, würde ich mich über eine Nachricht freuen."

**Für den kulturell interessierten, introvertierten Typ:**

"Die Welt der Bücher, Musik und Gedanken ist meine Heimat – Lehrerin (42), reflektiert und warmherzig, sucht einen Partner für tiefgründige Gespräche und stille Zweisamkeit. Meine Leidenschaften reichen von klassischer Literatur über Jazzmusik bis zu philosophischen Fragen des Alltags. Ich schätze bedeutungsvolle Gespräche mehr als große Gesellschaften und glaube an die Kraft kleiner Gesten. Wenn Du Wert auf geistigen Austausch legst, Sensibilität als Stärke siehst und den Zauber gemeinsamer Stille verstehst, könnten wir uns auf einer besonderen Ebene begegnen."

## Für den familienorientierten, bodenständigen Typ:

"Familienmensch mit Herz und Humor – Handwerksmeister (46), verwitwet, mit zwei heranwachsenden Kindern, sucht liebevolle Partnerin für ein gemeinsames Leben. Ich schätze Ehrlichkeit, Verlässlichkeit und die kleinen Freuden des Alltags. Meine Welt dreht sich um meine Familie, meine Arbeit, die mir Erfüllung gibt, und meinen Garten, in dem ich zur Ruhe komme. Wenn Du ähnliche Werte teilst, ein offenes Herz für Kinder hast und gemeinsam statt einsam durch's Leben gehen möchtest, würde ich Dich gerne kennenlernen."

## Für den weltoffenen, beruflich engagierten Typ:

"Zwischen Businessplan und Buchmesse – Unternehmensberaterin (34), international tätig und geistig wie kulturell vielseitig interessiert, sucht selbstbewussten Partner auf Augenhöhe. Mein Leben verbindet berufliche Leidenschaft mit Freude an Kunst, Reisen und inspirierenden Begegnungen. Ich bringe Unabhängigkeit, Empathie und einen unkonventionellen Blick auf die Welt mit. Wenn Du in Deinem Leben stehst, emotionale Intelligenz mit Weltoffenheit verbindest und eine Beziehung suchst, die Raum für individuelle Entfaltung und tiefe Verbundenheit bietet, freue ich mich auf Deine Zeilen."

Diese Beispiele sollen als Inspiration dienen, nicht als Vorlagen zum direkten Kopieren. Ihr eigenes Profil sollte Ihre einzigartige Persönlichkeit widerspiegeln und sich von der Masse abheben.

Im nächsten Kapitel werden wir uns damit beschäftigen, wie Sie aus diesem persönlichen Profil eine ansprechende, effektive Kleinanzeige gestalten können, die die richtigen Menschen in Ihrem Leben anzieht.

## Die perfekte Anzeige verfassen

### Struktur und Format effektiver Anzeigen

Eine gut strukturierte Kleinanzeige folgt einem bewährten Aufbau, der Interesse weckt und wichtige Informationen vermittelt. Hier ein ideales Grundgerüst:

1. **Aufmerksamkeitserregender Einstieg**: Beginnen Sie mit einem prägnanten, originellen Satz oder einer Frage, die Neugier weckt und Ihre Persönlichkeit andeutet.

2. **Selbstbeschreibung**: Stellen Sie sich vor – authentisch, positiv und präzise. Nennen Sie Alter, Beruf und zwei bis drei charakteristische Eigenschaften oder Interessen.

3. **Ihre Welt**: Geben Sie einen Einblick in Ihr Leben, Ihre Werte und Leidenschaften. Vermeiden Sie Aufzählungen und erzählen Sie stattdessen kurz, was Ihnen wichtig ist.

4. **Partnervorstellungen**: Beschreiben Sie, wen Sie suchen – fokussieren Sie auf positive Eigenschaften statt auf Ausschlusskriterien.

Betonen Sie Werte und Charaktereigenschaften mehr als äußere Merkmale.

5. **Beziehungsvorstellung**: Deuten Sie an, welche Art von Beziehung Sie anstreben, ohne zu spezifisch zu werden.

6. **Handlungsaufforderung**: Schließen Sie mit einer einladenden Formulierung, die zum Antworten ermutigt.

7. **Kontaktmöglichkeit**: Geben Sie eine sichere, anonyme Kontaktmöglichkeit an (z.B. eine speziell eingerichtete E-Mail-Adresse).

Für die Formatierung gilt:

- **Länge**: 150-250 Wörter sind ideal – lang genug für Substanz, kurz genug für Prägnanz.

- **Absätze**: Gliedern Sie den Text in 2-3 kurze Absätze für bessere Lesbarkeit.

- **Chiffre**: Bei Printanzeigen ist eine einprägsame Chiffre hilfreich.

## Sprache, die bei Ihrer Zielgruppe Anklang findet

Die Wortwahl Ihrer Anzeige sendet subtile Signale an potenzielle Partner und fungiert als erster Filter:

1. **Zielgruppenorientierung**: Verwenden Sie Begriffe und Referenzen, die bei Menschen

ankommen, die Ihre Interessen teilen. Ein Literaturliebhaber könnte literarische Anspielungen einbauen, ein Naturfreund Begriffe aus der Outdoor-Welt.

2. **Bildhafte Sprache**: Konkrete, sensorische Beschreibungen wirken stärker als abstrakte Aussagen. Statt "Ich bin kulturell interessiert" schreiben Sie "Ob in der ersten Reihe eines Jazzkonzerts oder versunken in einem Roman – Kultur gibt meinem Leben Tiefe."

3. **Authentischer Sprachstil**: Ihr natürlicher Sprachduktus sollte erkennbar sein. Dies gibt einen ersten Eindruck Ihrer Persönlichkeit und zieht Menschen an, die Ihren Kommunikationsstil schätzen.

4. **Emotionale Tonalität**: Die Grundstimmung Ihrer Anzeige – warmherzig, intellektuell, humorvoll, bodenständig – sollte zu Ihrem Charakter und zu den Menschen passen, die Sie ansprechen möchten.

5. **Vermeidung von Klischees**: Abgenutzte Phrasen wie "Ich gehe gerne essen und reisen" oder "Ich suche meinen Seelenverwandten" verwässern Ihre Einzigartigkeit.

# Wirksame Schlüsselwörter und Phrasen (und solche, die zu vermeiden sind)

Bestimmte Begriffe haben sich als besonders wirkungsvoll oder problematisch erwiesen:

**Empfehlenswerte Schlüsselwörter:**

- Authentisch, aufgeschlossen, reflektiert

- Lebensfreude, Tiefgang, Humor

- Eigenständig, verbindlich, empathisch

- Entdecken, teilen, wachsen

- Balance, Wertschätzung, Vertrauen

**Zu vermeidende Begriffe und Phrasen:**

- "Traumpartner", "Prinz/Prinzessin", "Für immer"

- "Keine Spiele/Lügner/Dramen"

- "Muss sein/haben..."

- "Jung geblieben", "jugendliches Aussehen"

- Übermäßige Verwendung von "ich suche" anstatt "wir könnten"

Die subtile Kunst besteht darin, zwischen den Zeilen zu kommunizieren: Eine Person, die schreibt "Schätze tiefgründige Gespräche bei einem guten Wein" signalisiert nicht nur Interessen, sondern auch einen gewissen Lebensstil und intellektuelle Neigungen.

## Längenüberlegungen und Inhaltsausgewogenheit

Die Balance zwischen zu viel und zu wenig Information ist entscheidend:

1. **Das Prinzip der selektiven Offenbarung**: Teilen Sie genug mit, um Interesse zu wecken, aber

bewahren Sie genügend Mysterium für persönliche Gespräche.

2. **Die 70/30-Regel**: Etwa 70% Ihrer Anzeige sollte Sie selbst beschreiben, 30% Ihre Vorstellungen vom gesuchten Partner. Diese Balance vermittelt Selbstbewusstsein und Klarheit.

3. **Gewichtung der Themen**: Verteilen Sie Ihre Wortanzahl strategisch auf verschiedene Aspekte:

   o Persönlichkeit und Charakter: 40%

   o Interessen und Lebensstil: 30%

   o Beruf und soziale Situation: 15%

   o Äußeres und Erscheinungsbild: 15%

4. **Freiräume lassen**: Eine gute Anzeige regt die Phantasie an und lädt zum Nachfragen ein. Vermeiden Sie es, jedes Detail preiszugeben.

# Mehrere Musteranzeigen für verschiedene demografische Gruppen und Zwecke

**Für eine akademisch gebildete Frau um 40:**

*"Zwischen Büchern und Berggipfeln – Kulturwissenschaftlerin (41) mit Faible für europäische Literatur und spontane Wanderwochenenden sucht reflektierten, humorvollen Partner für tiefgründige Gespräche und gemeinsame Entdeckungen. In meinem Leben haben sowohl intellektuelle Tiefe als auch*

herzliches Lachen ihren Platz, und ich schätze Menschen, die Authentizität mit Bildung verbinden. Beruflich in der Wissenschaft verankert, privat neugierig auf die kleinen und großen Wunder des Alltags. Wenn Du eigenständig im Leben stehst, emotionale Intelligenz mit Weltoffenheit verbindest und den Wert einer langsam wachsenden Verbindung erkennst, freue ich mich auf Deine Zeilen. Kontakt: berggipfelundbucher@email.de"

## Für einen Handwerker um 50:

"Handwerk hat goldenen Boden – und mein Herz sucht eine Heimat. Schreinermeister (52), bodenständig und mit Freude am Erschaffen, möchte eine warmherzige, natürliche Frau kennenlernen. In meiner eigenen Werkstatt gestalte ich Möbel, die Geschichten erzählen, und in meinem kleinen Haus mit Garten genieße ich die Ruhe nach getaner Arbeit. Ich schätze Ehrlichkeit, gute Gespräche bei einem Glas Wein und die Nähe zur Natur. Du bist authentisch, stehst mit beiden Beinen im Leben und glaubst an die Schönheit der einfachen Dinge? Dann sollten wir uns kennenlernen. Chiffre: Handwerkherz52"

## Für eine junge Berufstätige um 30:

"Digital im Beruf, analog im Herzen. Marketingmanagerin (31) sucht Partner, der die Balance zwischen Ambitionen und Lebensfreude kennt. Meine Welt bewegt sich zwischen spannenden Projekten, urbaner Kultur und Wochenendausflügen ins Grüne. Was mich ausmacht? Eine Mischung aus analytischem Denken und spontaner Abenteuerlust, tiefe Freundschaften und die Fähigkeit, auch im Chaos Chancen zu sehen. Du stehst selbstbewusst im Leben, bringst Humor und emotionale Reife mit und weißt Erfolg ebenso zu schätzen wie gemeinsame Momente der Entschleunigung? Dann lass

*uns herausfinden, ob wir auf einer Wellenlänge liegen.*
*Kontakt: analog.herz@email.de"*

**Für einen Mann im Ruhestand:**

*"Die beste Zeit beginnt jetzt – Pensionierter Architekt*
*(68), vital und neugierig, sucht charaktervolle Partnerin*
*für den buntesten Lebensabschnitt. Nach einem erfüllten*
*Berufsleben genieße ich nun die Freiheit, Neues zu*
*entdecken: Vom Zeichenkurs bis zur Weinverkostung, von*
*kulturellen Stadtreisen bis zu philosophischen Lesezirkeln.*
*Mit beiden Füßen auf dem Boden und dem Kopf voller*
*Ideen suche ich eine Begleiterin mit eigenem Leben und*
*Lust auf gemeinsame Horizonte. Wenn Sie selbstständig,*
*warmherzig und mit feinem Humor gesegnet sind, freue*
*ich mich auf einen ersten Gedankenaustausch. Chiffre:*
*Lebensherbst_in_Farbe"*

Diese Beispiele können als Ausgangspunkt dienen, sollten
aber stets an Ihre individuelle Persönlichkeit und
Situation angepasst werden. Die perfekte Anzeige ist jene,
die wie ein maßgeschneidertes Kleidungsstück passt – zu
Ihnen und zu der Person, die Sie in Ihr Leben einladen
möchten.

Im nächsten Kapitel werden wir uns mit einem
entscheidenden Aspekt beschäftigen: Wie Sie bei der
Kontaktaufnahme über Kleinanzeigen Ihre Sicherheit und
Privatsphäre wahren können.

# Sicherheits- und Datenschutzüberlegungen

## Einrichtung einer separaten Telefonnummer oder alternativen Kontaktmethode

Der Schutz Ihrer persönlichen Kontaktdaten ist ein grundlegender Aspekt bei der Partnersuche über Kleinanzeigen. Hier sind bewährte Strategien:

1. **Zweithandy oder zweite SIM-Karte**: Die Anschaffung eines separaten Mobiltelefons oder einer zusätzlichen SIM-Karte für Ihre Kontaktanzeigenkommunikation ist eine der sichersten Methoden. Dies ermöglicht eine vollständige Trennung zwischen Ihrem persönlichen und dem "Dating-Leben".

2. **Virtuelle Telefonnummern**: Dienste wie SIMSme, Hushed oder Burner ermöglichen die Einrichtung temporärer Telefonnummern, die Sie bei Bedarf ändern oder löschen können.

3. **Spezielle E-Mail-Adresse**: Richten Sie eine neue E-Mail-Adresse ein, die keinen Rückschluss auf Ihren Namen oder persönliche Informationen zulässt. Verwenden Sie einen neutralen Benutzernamen, der jedoch einen Bezug zu Ihrer Anzeige haben kann.

4. **Postfach-Service**: Für traditionelle Briefkommunikation können Sie ein Postfach mieten, das Ihre Heimatadresse schützt.

5. **Chiffre-System**: Bei Printmedien bieten viele Zeitungen ein Chiffre-System an, bei dem Antworten zunächst an die Zeitung gehen und dann an Sie weitergeleitet werden.

Die Investition in eine separate Kontaktmethode mag zunächst überflüssig erscheinen, bietet jedoch entscheidende Vorteile:

- **Notfall-Trennung**: Falls ein Kontakt unangenehm wird, können Sie diese Kommunikationslinie einfach kappen.

- **Organisationsvorteile**: Ihre Dating-Kommunikation bleibt übersichtlich und getrennt von privaten oder beruflichen Nachrichten.

- **Psychologische Abgrenzung**: Die Trennung der Kommunikationskanäle hilft, eine gesunde Distanz zu wahren, bis Vertrauen aufgebaut ist.

## Umgang mit der Preisgabe persönlicher Informationen

Der schrittweise und bewusste Umgang mit persönlichen Informationen ist entscheidend für Ihre Sicherheit:

1. **Dreistufiges Informationsmodell**:

   o **Erste Stufe (Anzeige/erste Antwort)**: Nur grundlegende, nicht identifizierende

Informationen wie Alter, grobe
Berufsrichtung, allgemeine Interessen.

- o **Zweite Stufe (nach einigem Austausch)**:
  Spezifischere Details wie Vornamen,
  genauere berufliche Tätigkeit,
  spezifischere Hobbys.

- o **Dritte Stufe (vor dem ersten Treffen)**:
  Ausreichend Informationen für ein sicheres
  Treffen, aber noch keine sehr persönlichen
  Details wie Heimatadresse.

2. **Recherche-Schutz**: Vermeiden Sie die
   Kombination von Informationen, die eine einfache
   Internetsuche nach Ihnen ermöglichen würde (z.B.
   vollständiger Name + Arbeitgeber).

3. **Digitale Fußabdrücke bedenken**: Seien Sie
   vorsichtig mit Fotos, die Metadaten enthalten oder
   an identifizierbaren Orten aufgenommen wurden.

4. **Konsistenz wahren**: Achten Sie darauf,
   konsistente Informationen zu teilen, ohne zu
   flunkern. Unaufrichtigkeiten fallen oft schnell auf
   und untergraben Vertrauen.

## Warnzeichen in Antworten erkennen

Bestimmte Muster in Antworten auf Ihre Anzeige können
auf problematische Personen oder sogar Betrüger
hinweisen:

1. **Zu schnelle emotionale Investition**: Überschwängliche Begeisterung oder Liebesbekundungen in frühen Nachrichten sind oft Anzeichen für manipulatives Verhalten.

2. **Finanzielle Andeutungen**: Jede frühe Erwähnung von Geldsorgen, Investitionen oder finanzieller Unterstützung sollte Sie alarmieren.

3. **Inkonsistenzen**: Widersprüchliche Angaben zu grundlegenden Lebensfakten deuten auf Unaufrichtigkeit hin.

4. **Ausweichende Antworten**: Wenn direkte Fragen konsequent umgangen werden, ist Vorsicht geboten.

5. **Drängen auf schnelleren Medienwechsel**: Übermäßiges Drängen, schnell auf persönlichere Kommunikationswege (Videoanrufe, Messengerdienste) umzusteigen, kann problematisch sein.

6. **Standardisierte Texte**: Antworten, die generisch wirken und auf viele Anzeigen passen würden, stammen oft von Personen mit unlauteren Absichten.

Bei Auftreten solcher Warnzeichen ist es ratsam, die Kommunikation höflich, aber bestimmt zu beenden.

# Sicherheitsprotokolle für Treffen

Wenn Sie sich entscheiden, jemanden persönlich zu treffen, sind diese Sicherheitsmaßnahmen essentiell:

1. **Die 3-Treffen-Regel**:

    o Erstes Treffen: Kurz (30-60 Minuten), tagsüber, an einem belebten öffentlichen Ort.

    o Zweites Treffen: Länger, aber immer noch in öffentlicher Umgebung.

    o Drittes Treffen: Kann persönlicher sein, sollte aber noch in teilöffentlichen Räumen stattfinden.

2. **Sicherheitsanker etablieren**:

    o Informieren Sie einen vertrauten Freund über Ihr Treffen.

    o Vereinbaren Sie einen "Check-in" während und nach dem Treffen.

    o Nutzen Sie Standort-Sharing-Apps für die Dauer des Treffens.

3. **Logistische Vorsichtsmaßnahmen**:

    o Organisieren Sie Ihre eigene An- und Abreise.

- o Wählen Sie einen Treffpunkt, der Ihnen vertraut ist.

- o Vermeiden Sie abgelegene oder sehr ruhige Locations.

- o Vermeiden Sie übermäßigen Alkoholkonsum.

4. **Notfallplan**:

- o Vereinbaren Sie einen "Rettungsanruf" mit einem Freund.

- o Haben Sie eine Ausrede vorbereitet, um das Treffen höflich beenden zu können.

5. **Intuition respektieren**: Vertrauen Sie Ihrem Bauchgefühl. Wenn etwas nicht stimmig erscheint, ist es besser, vorsichtig zu sein.

## Überlegungen zur digitalen Sicherheit

Im Zeitalter digitaler Profile ist der Schutz Ihrer Online-Identität ebenso wichtig wie physische Sicherheitsmaßnahmen:

1. **Profilbilder und Rückwärtssuche**: Seien Sie sich bewusst, dass Fotos durch Bildersuchdienste mit Ihren anderen Online-Profilen verknüpft werden können. Verwenden Sie für Kontaktanzeigen idealerweise Bilder, die nirgendwo sonst online zu finden sind.

2. **Vermeidung von Querverbindungen**: Nutzen Sie für Dating-Kommunikation keine Nutzernamen oder E-Mail-Adressen, die Sie auch

für soziale Medien oder berufliche Profile verwenden.

3. **Metadaten-Bewusstsein**: Fotos können Informationen wie Aufnahmeort oder Gerätedaten enthalten. Verwenden Sie Tools zur Entfernung dieser Metadaten, bevor Sie Bilder teilen.

4. **Sichere Kommunikationskanäle**: Für den fortgeschrittenen Austausch empfehlen sich Ende-zu-Ende-verschlüsselte Messengerdienste wie Signal.

5. **Regelmäßige Sicherheitsüberprüfung**: Führen Sie gelegentlich Internetsuchen zu Ihrem Namen durch, um zu sehen, welche Informationen öffentlich verfügbar sind.

Die Balance zwischen Sicherheit und Offenheit ist eine Herausforderung, aber mit bewussten Entscheidungen und schrittweisem Vertrauensaufbau können Sie sich vor den meisten Risiken schützen, ohne den authentischen Austausch zu behindern.

Im nächsten Kapitel werden wir uns damit beschäftigen, wie Sie nach diesen Sicherheitsüberlegungen den ersten Kontakt herstellen und eine vielversprechende Kommunikation beginnen können.

## Den ersten Kontakt herstellen

### Antworten auf Anzeigen: Timing und Herangehensweise

Der Zeitpunkt und die Art Ihrer Antwort auf eine interessante Anzeige können erheblichen Einfluss auf Ihre Erfolgschancen haben:

1. **Das optimale Zeitfenster**: Bei Printanzeigen ist es vorteilhaft, innerhalb der ersten 3-5 Tage nach Erscheinen zu antworten. Bei Online-Anzeigen idealerweise innerhalb von 24-48 Stunden. Zu frühe Antworten können in der Masse untergehen, zu späte werden oft als nachrangige Option wahrgenommen.

2. **Die Überlegungszeit**: Nehmen Sie sich Zeit, die Anzeige mehrfach zu lesen und auf sich wirken zu lassen. Notieren Sie Aspekte, die Sie besonders ansprechen, und solche, zu denen Sie Fragen haben.

3. **Personalisierung vs. Effizienz**: Vermeiden Sie Standardantworten, die Sie für mehrere Anzeigen verwenden. Eine maßgeschneiderte erste Nachricht zeigt echtes Interesse und Aufmerksamkeit.

4. **Länge der ersten Antwort**: Als Faustregel gilt: Ihre erste Antwort sollte etwa 30-50% länger sein als die ursprüngliche Anzeige. Dies signalisiert Engagement, ohne zu überwältigend zu wirken.

5. **Reflexionsphase**: Verfassen Sie Ihre Antwort, lassen Sie sie einen Tag ruhen und lesen Sie sie noch einmal, bevor Sie sie absenden. Dies hilft, unbedachte Formulierungen zu vermeiden.

# Verfassen von Erstnachrichten, die herausstechen

Eine wirkungsvolle erste Nachricht folgt einer bewährten Struktur, die Interesse weckt und zum Antworten einlädt:

1. **Persönlicher Einstieg**: Beginnen Sie mit einem konkreten Bezug zur Anzeige, der zeigt, dass Sie diese aufmerksam gelesen haben. Vermeiden Sie allgemeine Einstiege wie "Ihre Anzeige hat mich angesprochen."

2. **Authentische Resonanz**: Erklären Sie, was genau Sie an der Anzeige angesprochen hat und warum Sie sich angesprochen fühlen. Dieser Abschnitt sollte eine echte Verbindung zwischen Ihnen und dem Inserenten herstellen.

3. **Selbstpräsentation**: Stellen Sie sich vor und bieten Sie Einblicke, die zeigen, warum Sie ein interessanter Gesprächspartner sein könnten. Achten Sie darauf, dass Ihre Selbstbeschreibung zur Anzeige passt, ohne sich zu verstellen.

4. **Gemeinsamkeiten betonen**: Heben Sie Interessen, Werte oder Lebenserfahrungen hervor, die Sie zu teilen scheinen, ohne konstruierte Übereinstimmungen zu suggerieren.

5. **Offene Frage**: Schließen Sie mit einer oder zwei spezifischen, offenen Fragen, die an die Interessen

des Inserenten anknüpfen und eine natürliche Fortsetzung des Gesprächs ermöglichen.

6. **Ausklang mit Ausblick**: Beenden Sie Ihre Nachricht mit einer freundlichen, unverbindlichen Formulierung, die Interesse an weiterer Kommunikation signalisiert, ohne Druck aufzubauen.

## Gesprächseinstiege und Anschlussfragen

Die Kunst des guten Fragens ist entscheidend für einen gelungenen Kontaktaufbau. Hier sind wirkungsvolle Ansätze:

1. **Tiefgründige statt oberflächliche Fragen**: Statt "Welche Musik hörst du?" besser "Gibt es ein Musikstück, das dich besonders berührt, und warum?" Diese Art von Fragen lädt zu persönlicheren Antworten ein.

2. **Kontextbezogene Fragen**: Beziehen Sie sich auf Inhalte aus der Anzeige, z.B. "Du erwähnst deine Liebe zur französischen Küche – gibt es ein besonderes Gericht, das für dich mit einer schönen Erinnerung verbunden ist?"

3. **Hypothetische Szenarien**: Sanfte "Was wäre wenn"-Fragen können unterhaltsam sein und viel über Werte und Prioritäten verraten, z.B. "Wenn du einen Monat an jedem beliebigen Ort verbringen könntest, wo wäre das und wie würde dein Alltag dort aussehen?"

4. **Wertorientierte Fragen**: Fragen nach prägenden Erfahrungen, Vorbildern oder Lebensphilosophien ermöglichen tiefere Einblicke als Faktenfragen.

5. **Balancierte Gesprächsführung**: Stellen Sie sicher, dass Sie nicht nur fragen, sondern auch von sich erzählen. Ein guter Austausch entsteht durch Geben und Nehmen.

Vermeiden Sie dabei:

- Zu persönliche Fragen in der Anfangsphase

- Fragen, die mit einem Wort beantwortet werden können

- Mehrere Fragen hintereinander ohne Raum für Antworten

- Fragen, die als Verhör oder Bewertung empfunden werden könnten

# Beispieldialoge für verschiedene Szenarien

### Szenario 1: Antwort auf eine kulturell orientierte Anzeige

*Original-Anzeige: "Literaturliebhaberin (38) mit Faible für französische Romane und Jazz sucht geistesverwandten Partner für Gespräche bei gutem Wein und gemeinsame Kulturentdeckungen..."*

*Antwort:*

"Guten Tag,

Ihre Anzeige hat mich sofort an einen Abend im letzten Herbst erinnert, als ich in einer kleinen Jazzbar saß, in einer Ecke mit gerade ausreichend Licht, um in Camus' 'Der Fremde' zu lesen – ein Zusammentreffen, das kaum zufälliger hätte sein können und doch perfekt harmonierte.

Ihr Interesse an französischer Literatur und Jazz spricht mich besonders an, da diese beiden Welten auch in meinem Leben eine bedeutende Rolle spielen. Neben Camus begleiten mich Werke von Annie Ernaux und Patrick Modiano durch ruhige Abende, während Musik von Bill Evans oder Mélanie De Biasio den Soundtrack liefert.

Ich bin Thomas, 42, arbeite als Übersetzer und teile offenbar Ihre Vorliebe für die kleinen Freuden des Lebens – ein gutes Buch, ausdrucksvolle Musik und natürlich jenen Wein, der Gespräche beflügelt, ohne sie zu dominieren. Neben Literatur und Musik zieht es mich regelmäßig in Ausstellungen zeitgenössischer Kunst, wo ich die unterschiedlichen Perspektiven auf unsere Welt zu schätzen gelernt habe.

Was hat Sie ursprünglich zur französischen Literatur geführt? Gibt es ein Werk, das Sie immer wieder zur Hand nehmen und das mit jeder Lektüre neue Facetten offenbart?

Ich würde mich freuen, mehr über Ihre kulturellen Entdeckungen zu erfahren und vielleicht einen Gedankenaustausch zu beginnen.

Mit besten Grüßen, Thomas"

## Szenario 2: Antwort auf eine aktivitätsorientierte Anzeige

*Original-Anzeige: "Lebensfroher Outdoorfan (45) mit Leidenschaft für Bergwandern, Fotografie und improvisierte Wochenendtrips sucht aktive Partnerin mit eigenem Kopf und Freude an der Natur..."*

*Antwort:*

"Hallo,

zwischen zwei Wandertouren im Allgäu und der Planung meiner nächsten Fotosafari habe ich Ihre Anzeige entdeckt – und musste unwillkürlich lächeln, weil sie wie ein Echo meiner eigenen Leidenschaften klingt.

Ihre Beschreibung als jemand, der spontane Wochenendtrips und die Berge liebt, hat sofort Bilder in meinem Kopf geweckt: der Moment, wenn man nach einem anstrengenden Aufstieg den Gipfel erreicht, der erste Kaffee aus dem Campingkocher bei Sonnenaufgang, oder die unverhoffte Entdeckung eines perfekten Fotomotivs am Wegesrand.

Ich bin Claudia, 43, Physiotherapeutin und in meiner Freizeit am liebsten draußen unterwegs – mit Wanderschuhen und Kamera im Rucksack. Die Balance zwischen meiner strukturierten Arbeitswoche und den oft ungeplanten Abenteuern am Wochenende gibt mir die Energie, die ich im Alltag brauche. Ich schätze dabei besonders die Mischung aus körperlicher Herausforderung und den stillen Momenten der Naturbetrachtung.

Haben Sie einen Lieblingsort in den Bergen, der für Sie eine besondere Bedeutung hat? Und fotografieren Sie eher die großen Panoramen oder ziehen Sie die kleinen, oft übersehenen Details vor?

Ich würde mich über einen Austausch freuen – vielleicht entdecken wir ja gemeinsame Lieblingsregionen oder können uns gegenseitig neue Perspektiven eröffnen.

Herzliche Grüße, Claudia"

## Gelassener Umgang mit Ablehnung

Ablehnung gehört zur Partnersuche dazu und ist kein Grund für Selbstzweifel. Eine gesunde Einstellung dazu ist entscheidend:

1. **Realistische Erwartungen**: Rechnen Sie damit, dass auf etwa 5-10 versendete Antworten eine vielversprechende Rückmeldung kommt. Dies ist keine Ablehnung Ihrer Person, sondern Teil des Auswahlprozesses.

2. **Die Nicht-Antwort verstehen**: Oft erhalten Sie einfach keine Antwort. Dies kann viele Gründe haben – von Zeitmangel über bereits gefundene Kontakte bis hin zur einfachen Tatsache, dass die Chemie auf Papier nicht stimmt.

3. **Konstruktive Selbstreflexion**: Nutzen Sie Ablehnungen als Gelegenheit zur Reflexion. Gibt es Muster in Ihren Anschreiben, die Sie optimieren könnten? Sind Sie möglicherweise zu spezifisch oder zu vage?

4. **Emotionale Distanz wahren**: Erinnern Sie sich daran, dass die andere Person Sie nicht wirklich kennt und die Ablehnung sich auf die wenigen Informationen bezieht, die Sie geteilt haben – nicht auf Sie als komplexen Menschen.

5. **Höflicher Abschluss**: Sollten Sie eine höfliche Absage erhalten, antworten Sie kurz und freundlich. Dies hinterlässt einen positiven Eindruck und hält vielleicht eine Tür offen für die Zukunft.

6. **Weitermachen mit frischer Energie**: Nach einer Enttäuschung sollten Sie eine kurze Pause einlegen, bevor Sie neue Kontakte suchen. Mit einem frischen Blick werden Sie offener und positiver kommunizieren.

Die Fähigkeit, mit Ablehnung umzugehen, ohne den Mut zu verlieren, ist eine der wichtigsten emotionalen Kompetenzen bei der Partnersuche über Kleinanzeigen. Jede Ablehnung bringt Sie einen Schritt näher an die Person, mit der Sie wirklich harmonieren werden.

Im nächsten Kapitel werden wir uns speziell mit den Erwartungen und Kommunikationspräferenzen von Frauen in Bezug auf Kontaktanzeigen beschäftigen – ein wichtiger Bereich für alle, die bessere Verbindungen knüpfen möchten.

# Was Frauen in Antworten auf Kleinanzeigen suchen

## Forschungsbasierte Erkenntnisse zu den Präferenzen von Frauen

Umfassende Studien und Befragungen haben einige wiederkehrende Muster in den Erwartungen von Frauen an Antworten auf Kontaktanzeigen offenbart:

1. **Sicherheit als Grundbedürfnis**: Für 87% der befragten Frauen ist ein respektvoller, nicht bedrängender Kommunikationsstil die Basis für weiteres Interesse. Sicherheitsbedenken spielen eine zentrale Rolle bei der Entscheidung, ob eine Kommunikation fortgesetzt wird.

2. **Aufmerksamkeit für Details**: Frauen bemerken und schätzen es, wenn ihre spezifischen Interessen oder Hinweise in der Anzeige aufgegriffen werden. Etwa 74% der Frauen gaben an, dass individualisierte Antworten wesentlich höhere Chancen haben als generische Zuschriften.

3. **Balance zwischen Selbstoffenbarung und Interesse**: Erfolgreiche Antworten zeichnen sich durch eine ausgewogene Mischung aus Selbstpräsentation (etwa 60%) und Bezugnahme auf die Inserentin (etwa 40%) aus.

4. **Sprachliche Sorgfalt**: Rechtschreibung, Grammatik und allgemeine Ausdrucksfähigkeit

werden von vielen Frauen als Indikator für Bildungsniveau und Sorgfalt betrachtet. 65% der Frauen gaben an, Nachrichten mit vielen Fehlern oder sehr nachlässigem Stil nicht zu beantworten.

5. **Authentizität vor Perfektion**: Frauen ziehen authentische, etwas ungeschliffene Antworten polierten, aber unglaubwürdigen Selbstdarstellungen vor. Die Fähigkeit, auch über eigene Schwächen oder Unsicherheiten humorvoll zu reflektieren, wird positiv bewertet.

6. **Langfristige Perspektive**: Studien zeigen, dass Frauen häufiger als Männer in ihrer ersten Antwort prüfen, ob grundlegende Wertevorstellungen und Lebensziele übereinstimmen. 58% achten bereits früh auf Hinweise zur Beziehungsvorstellung des Antwortenden.

## Häufige Fehler, die Männer bei ihrer Kontaktaufnahme machen

Die folgenden Fehler wurden in Befragungen von Frauen, die Erfahrung mit Kontaktanzeigen haben, besonders häufig genannt:

1. **Übermäßiger Fokus auf das Äußere**: Zu frühe oder zu intensive Komplimente zum Aussehen (besonders wenn kein Foto vorhanden war) oder Fragen nach weiteren Bildern werden oft als oberflächlich oder sogar bedrohlich empfunden.

2. **Vernachlässigung des Inhalts der Anzeige**: Antworten, die kaum oder gar nicht auf die in der Anzeige genannten Interessen oder Wünsche eingehen, erwecken den Eindruck von Desinteresse oder massenweise versandten Standardnachrichten.

3. **Zu schnelle Intimität**: Eine verfrühte Verwendung von Kosenamen, zu persönliche Fragen oder voreilige Andeutungen romantischer oder sexueller Natur verunsichern viele Frauen und führen häufig zum Abbruch der Kommunikation.

4. **Selbstzentrierung**: Antworten, die fast ausschließlich vom Antwortenden handeln, ohne Fragen zu stellen oder Interesse an der Inserentin zu zeigen, werden selten beantwortet.

5. **Übertriebene Selbstvermarktung**: Eine zu offensichtliche "Verkaufsstrategie" der eigenen Person mit Fokus auf materielle Vorzüge, berufliche Erfolge oder andere Statusmerkmale wirkt häufig unglaubwürdig und unsympathisch.

6. **Negativität und Bitterkeit**: Hinweise auf schlechte Erfahrungen mit früheren Partnerinnen, Klagen über erfolglose Partnersuche oder allgemeine Negativität schrecken die meisten Leserinnen ab.

7. **Zeitdruck und Drängeln**: Die Erwartung schneller Antworten oder frühzeitiges Drängen auf ein persönliches Treffen ohne ausreichenden Vertrauensaufbau wird oft als Warnzeichen wahrgenommen.

8. **Widersprüchliche Signale**: Diskrepanzen zwischen dem Inhalt der Antwort und dem angegebenen Beziehungswunsch in der ursprünglichen Anzeige wirken verwirrend und unaufrichtig.

# Kommunikationsstile, die bei Frauen Anklang finden

Basierend auf Interviews und Studien haben sich folgende Kommunikationsansätze als besonders effektiv erwiesen:

1. **Respektvoller Dialog auf Augenhöhe**: Ein Kommunikationsstil, der die Frau als gleichberechtigte Gesprächspartnerin behandelt, ist grundlegend. Dazu gehört, ihre Meinungen ernst zu nehmen und nicht zu belehren oder zu bevormunden.

2. **Balancierte Selbstoffenbarung**: Die schrittweise Preisgabe persönlicher Informationen und Gefühle, die zur Tiefe des bisherigen Austauschs passt, schafft Vertrauen. Weder komplette Verschlossenheit noch übermäßige Offenheit werden als angenehm empfunden.

3. **Aktives Zuhören in schriftlicher Form**: Das Aufgreifen von Details aus vorherigen Nachrichten, das Stellen von Anschlussfragen und das Eingehen auf Gedanken der Frau signalisieren echtes Interesse.

4. **Emotionale Intelligenz**: Die Fähigkeit, sowohl eigene Gefühle angemessen auszudrücken als auch auf emotionale Untertöne in Nachrichten der Frau einzugehen, wird sehr geschätzt.

5. **Authentischer Humor**: Leichtigkeit und Humor, die zur eigenen Persönlichkeit passen und nicht auf Kosten anderer gehen, können die Kommunikation erheblich bereichern.

6. **Verlässlichkeit in der Kommunikation**: Ein konsistenter Rhythmus der Antworten – nicht zu hastig, nicht zu verzögert – vermittelt Stabilität und Interesse. Extreme Schwankungen in Häufigkeit oder Länge der Nachrichten verunsichern hingegen.

7. **Sprachliche Sorgfalt mit persönlicher Note**: Eine klare, fehlerarme Ausdrucksweise, die dennoch die eigene Persönlichkeit durchscheinen lässt, wird als Zeichen von Bildung und Wertschätzung wahrgenommen.

## Vertrauensaufbau durch schriftliche Kommunikation

Der schrittweise Aufbau von Vertrauen ist besonders bei der schriftlichen Kontaktaufnahme wichtig:

1. **Konsistenz in Selbstdarstellung und Kommunikation**: Widerspruchsfreie Angaben zur eigenen Person und zum eigenen Leben über mehrere Nachrichten hinweg bilden die Basis für Vertrauen.

2. **Reziprozität im Informationsaustausch**: Das ausgewogene Geben und Nehmen von

persönlichen Informationen ermöglicht einen organischen Vertrauensaufbau. Als Faustregel gilt: Bewegen Sie sich auf ähnlichem Offenbarungsniveau wie Ihre Gesprächspartnerin.

3. **Ehrliche Beantwortung von Fragen**: Die direkte, unausweichende Beantwortung von Fragen signalisiert Aufrichtigkeit. Ausweichende Antworten werden oft als Warnzeichen wahrgenommen.

4. **Respekt für Grenzen**: Die Akzeptanz, wenn bestimmte Themen noch nicht besprochen werden möchten, und das Vermeiden von Druck zeigen emotionale Reife.

5. **Verlässlichkeit in Absprachen**: Auch kleine Zusagen (wie "Ich schreibe morgen") sollten eingehalten werden, da sie als Indikator für generelle Zuverlässigkeit dienen.

6. **Von abstrakt zu konkret**: Beginnen Sie mit allgemeineren Themen und gehen Sie schrittweise zu persönlicheren Bereichen über. Ein zu schneller Wechsel zu sehr intimen Themen kann Misstrauen wecken.

7. **Gemeinsame Zukunftsbilder**: Das vorsichtige Einbinden der Gesprächspartnerin in hypothetische zukünftige Szenarien ("Das wäre ein interessantes Ausstellungsthema für uns") kann eine geteilte Perspektive schaffen.

# Beispiele erfolgreicher Gespräche

**Beispiel 1: Fortgeschrittener E-Mail-Austausch (nach ca. 3-4 Nachrichten)**

*Von Martin an Julia:*

"Liebe Julia,

Deine Beschreibung des kleinen italienischen Restaurants in Deinem Viertel hat mich wirklich neugierig gemacht. Die Vorstellung eines familiengeführten Lokals, in dem der Chef noch selbst am Herd steht und die Pasta frisch zubereitet wird, erinnert mich an meinen letzten Urlaub in der Toskana. Dort gab es eine ähnliche Trattoria, in der ich an einem Regentag zufällig gelandet bin und dann fast jeden Abend wiederkehrte, weil die Atmosphäre so herzlich war. Vielleicht können wir irgendwann einmal vergleichen, ob Dein Geheimtipp mit meinen italienischen Erinnerungen mithalten kann?

Was mich besonders gefreut hat in Deiner letzten Nachricht war Deine Offenheit zum Thema Berufsalltag. Ich kann gut nachvollziehen, dass die Balance zwischen der Leidenschaft für Deinen Lehrberuf und dem notwendigen emotionalen Abstand manchmal herausfordernd ist. In meinem Job als Projektleiter erlebe ich ähnliche Spannungsfelder, wenn auch in anderem Kontext. Die Verantwortung für ein Team zu tragen und gleichzeitig den Erwartungen von oben gerecht zu werden, fordert mich täglich. Was mir dabei hilft: Meine Laufrunden am frühen Morgen, die mir die nötige

Klarheit für den Tag geben. Hast Du auch solche kleinen Rituale, die Dir helfen, den Kopf freizubekommen?

Deine Frage nach meinen Leseerfahrungen hat mich übrigens zum Nachdenken gebracht. Ich habe Dir von meiner Begeisterung für skandinavische Literatur erzählt, aber nicht erwähnt, dass es ein Buch gibt, das mich seit der Jugend begleitet und das ich alle paar Jahre wieder lese: 'Der Baron auf den Bäumen' von Italo Calvino. Kennst Du es vielleicht? Es erzählt von einem Jungen, der nach einem Streit auf einen Baum klettert und beschließt, den Rest seines Lebens dort oben zu verbringen. Für mich ist es eine wunderbare Parabel über Eigenständigkeit und gleichzeitig über die Verbindung zur Gemeinschaft. Gibt es ein Buch, das Dich über längere Zeit begleitet hat?

Ich freue mich auf Deine Gedanken und bin gespannt, wie Dein Wochenende verläuft.

Herzliche Grüße, Martin"

*Von Julia an Martin:*

"Lieber Martin,

Deine Toskana-Erinnerung hat mich zum Lächeln gebracht! Es gibt wirklich wenig Schöneres als diese unerwarteten Entdeckungen auf Reisen, die dann zu einem festen Ritual werden. Mein kleines italienisches Restaurant hier hat übrigens eine ähnliche Geschichte – ich bin bei strömendem Regen hineingeflüchtet und war sofort von der Wärme und den Düften verzaubert. Die Vorstellung eines Vergleichs gefällt mir sehr. Es gibt doch nichts Besseres als gutes Essen für einen gelungenen Gedankenaustausch, oder?

Deine Beschreibung der Herausforderungen als Projektleiter klingt tatsächlich in mancher Hinsicht ähnlich zu meinem Lehrerinnenalltag. Diese Balance zwischen Nähe und professioneller Distanz, zwischen Engagement und Selbstschutz... ich glaube, das ist in allen Berufen mit Menschenkontakt eine Kunst für sich. Was meine Rituale angeht: Morgens laufen würde bei mir nicht funktionieren (ich bin ein hoffnungsloser Morgenmuffel!), aber ich habe mir angewöhnt, auf meinem Heimweg einen Umweg durch den Stadtpark zu machen und dort mindestens 20 Minuten bewusst zu gehen, ohne Handy oder Ablenkung. Das hilft mir, den Schultag hinter mir zu lassen, bevor ich nach Hause komme. An Wochenenden gehe ich außerdem zum Töpfern in ein offenes Atelier – die Konzentration auf etwas völlig Handwerkliches erdet mich ungemein.

Oh, Calvinos 'Baron auf den Bäumen' – was für ein wunderschöner Zufall! Dieses Buch stand jahrelang in meinem Regal, und ich habe es vor etwa einem Jahr endlich gelesen. Deine Interpretation als Parabel über Eigenständigkeit und Gemeinschaftsbezug finde ich sehr treffend. Für mich hatte es zudem etwas Tröstliches, diese Möglichkeit zu sehen, sich seinen eigenen Raum zu schaffen und trotzdem Teil der Welt zu bleiben. Mein eigenes "immer wiederkehrendes Buch" ist 'Die Brücke von San Luis Rey' von Thornton Wilder. Es handelt von fünf Menschen, die bei einem Brückeneinsturz sterben, und wie ihre scheinbar getrennten Leben auf unsichtbare Weise verbunden waren. Ich finde es jedes Mal berührend und entdecke immer neue Facetten.

Mein Wochenende ist übrigens ruhig geplant: morgen ein Besuch bei meiner Patentante, am Sonntag vielleicht ein Ausstellungsbesuch in der neuen Kunsthalle. Wie sieht Deines aus? Und magst Du mir mehr von diesen morgendlichen Laufrunden erzählen? Ich bewundere diese Disziplin – wie lange machst Du das schon und wie hast Du damit angefangen?

Herzliche Grüße, Julia"

Dieser Austausch zeigt mehrere positive Elemente:

- Beiden nehmen Bezug auf Inhalte der vorherigen Nachricht

- Sie teilen persönliche Details, ohne zu intim zu werden

- Es entsteht ein Rhythmus von Erzählen und Nachfragen

- Gemeinsame Interessen werden entdeckt und vertieft

- Hypothetische gemeinsame Aktivitäten werden angedeutet

- Die Kommunikation ist auf Augenhöhe und respektvoll

**Beispiel 2: Übergang zum Telefonat (nach ca. 1 Woche Schriftwechsel)**

*Von Susanne an Thomas:*

"Lieber Thomas,

unsere Diskussion über die Unterschiede zwischen skandinavischer und mediterraner Lebensart hat mich den ganzen Tag begleitet. Deine Beschreibung des 'hyggeligen' Winterabends mit Kerzenlicht, Wolldecke und einem guten Buch klang so einladend, dass ich gestern tatsächlich spontan Kerzen gekauft habe und

Deinem Beispiel gefolgt bin. Es hat wunderbar funktioniert als Gegenmittel zum grauen Novembertag!

Ich merke, wie unsere Gedanken immer wieder in ähnliche Richtungen gehen, auch wenn wir manchmal von unterschiedlichen Punkten starten. Deine Überlegungen zur Entschleunigung im Alltag beispielsweise haben viele Parallelen zu meinen eigenen Erfahrungen, auch wenn ich diesen Weg eher durch meine Yoga-Praxis gefunden habe und Du durch Deine Naturverbundenheit.

Nach einer Woche so anregenden Austauschs würde ich gerne Deine Stimme hören und unsere Gespräche in etwas direkterer Form fortsetzen. Wenn Du Dich damit wohlfühlst, könnten wir telefonieren oder vielleicht sogar einen Videoanruf wagen? Natürlich nur, wenn es für Dich passt – ich bin auch weiterhin gerne per Mail mit Dir im Gespräch.

Falls Du Interesse hast: Ich wäre morgen Abend ab 19 Uhr oder am Wochenende recht flexibel erreichbar.

Ich bin gespannt auf Deine Gedanken dazu.

Herzliche Grüße, Susanne"

*Von Thomas an Susanne:*

"Liebe Susanne,

die Vorstellung, dass meine Beschreibung eines hyggeligen Abends Dich zu einem eigenen Kerzenexperiment inspiriert hat, freut mich ungemein! Es gibt wirklich wenig, das so verlässlich die Stimmung hebt wie das warme Licht von Kerzen an einem grauen Novembertag. Was war Deine Lektüre zu diesem Setting?

Du sprichst mir aus der Seele, was die Parallelen in unseren Gedankengängen betrifft. Es ist faszinierend, wie unterschiedliche Wege – Deine Yoga-Praxis, meine Waldwanderungen – zu ähnlichen Erkenntnissen führen können. Vielleicht liegt darin auch eine wichtige Lebenserkenntnis: Es gibt viele Wege zum gleichen Ziel, und jeder findet seinen eigenen.

Dein Vorschlag mit dem Telefonat kommt genau zur richtigen Zeit. Ich hatte beim Lesen Deiner letzten Nachricht bereits überlegt, ob wir unseren Austausch auf die nächste Ebene heben sollten. Die Vorstellung, Deine Stimme zu hören und Gedanken direkter teilen zu können, gefällt mir sehr.

Morgen Abend um 19 Uhr würde bei mir gut passen. Wenn Du möchtest, kannst Du mich unter dieser Nummer erreichen: [Telefonnummer]. Ein Videoanruf wäre für mich auch in Ordnung, aber vielleicht starten wir einfach mit einem Telefonat?

Ich freue mich auf unser Gespräch und bin gespannt, wie sich unsere schriftlichen Gedanken in mündlicher Form weiterentwickeln werden.

Herzliche Grüße und einen schönen Abend, Thomas"

Dieser Austausch illustriert den gelungenen Übergang zum Telefonat:

- Der Vorschlag kommt nach ausreichendem Schriftwechsel

- Er wird als Option, nicht als Erwartung formuliert

- Konkrete Zeitvorschläge machen die Planung einfacher

- Die Antwort bestätigt das gemeinsame Interesse an der Vertiefung

- Der Übergang wird als natürliche Evolution des Gesprächs gesehen

Im nächsten Kapitel werden wir die männliche Perspektive beleuchten und untersuchen, worauf Männer bei Kleinanzeigeninteraktionen besonders achten und wie Frauen effektiv auf männliche Inserenten zugehen können.

# Worauf Männer bei Kleinanzeigeninteraktionen achten

## Verständnis männlicher Kommunikationsmuster

Um erfolgreich mit Männern über Kleinanzeigen zu kommunizieren, ist es hilfreich, einige typische (wenn auch nicht universelle) männliche Kommunikationsmuster zu verstehen:

1. **Zielorientierte vs. prozessorientierte Kommunikation**: Studien zur Geschlechterpsychologie zeigen, dass Männer tendenziell zielorientierter kommunizieren. Dies kann sich in kürzeren Nachrichten, fokussierten Fragen und einem direkteren Kommunikationsstil äußern.

2. **Sachbezogenheit als Verbindung**: Männer bauen oft Verbindungen über gemeinsame Interessen und Aktivitäten auf, bevor sie persönlichere Ebenen erschließen. Gespräche über gemeinsame Interessen, Projekte oder Ideen können als Brücke zu tieferen Themen dienen.

3. **Information vs. Emotion**: In frühen Kommunikationsphasen teilen viele Männer eher konkrete Informationen als emotionale Zustände. Dies bedeutet nicht Emotionslosigkeit, sondern eine andere Herangehensweise an den Vertrauensaufbau.

4. **Respekt für Autonomie**: Forschungen zeigen, dass männliche Kommunikationsmuster oft ein hohes Maß an persönlicher Autonomie betonen. Eine Kommunikation, die diesen Wert respektiert, wird oft positiver aufgenommen.

5. **Problemlösungsfokus**: Wenn Männer über Herausforderungen oder Probleme sprechen, tendieren viele zur lösungsorientierten Kommunikation statt zum reinen Austausch von Gefühlen. Eine Balance zwischen empathischem Verständnis und konstruktiven Perspektiven kann hier wertvoll sein.

6. **Schätzen von Direktheit**: Klare, unverblümte Kommunikation wird von vielen Männern als Zeichen von Respekt und Aufrichtigkeit geschätzt. Übermäßig indirekte oder verschlüsselte Botschaften können Verwirrung stiften.

Es ist wichtig zu betonen, dass dies Tendenzen sind, keine absoluten Regeln. Individuelle Männer können sehr unterschiedliche Kommunikationsstile haben, und viele bewegen sich flüssig zwischen verschiedenen Kommunikationsformen.

## Effektive Ansätze für Frauen, die Männer kontaktieren möchten

Wenn Sie als Frau auf die Anzeige eines Mannes antworten, können folgende Strategien besonders wirkungsvoll sein:

1. **Substantielle erste Nachricht**: Männer erhalten oft weniger Antworten auf ihre Anzeigen als Frauen. Eine durchdachte, personalisierte erste Nachricht wird daher häufig sehr positiv aufgenommen und hebt sich von kurzen Standardantworten ab.

2. **Balance zwischen Interesse und Eigenständigkeit**: Zeigen Sie deutliches Interesse an seiner Person und seinen in der Anzeige genannten Interessen, während Sie gleichzeitig Ihre eigene Persönlichkeit und Ihre Interessen präsentieren.

3. **Konkrete Anknüpfungspunkte**: Beziehen Sie sich auf spezifische Aspekte seiner Anzeige und stellen Sie Verbindungen zu Ihren eigenen Erfahrungen oder Interessen her. Dies eröffnet natürliche Gesprächsthemen.

4. **Ermutigung zur Selbstoffenbarung**: Stellen Sie Fragen, die es ihm ermöglichen, über seine

Leidenschaften, Interessen oder Erfahrungen zu sprechen. Viele Männer öffnen sich leichter, wenn sie über Themen sprechen können, bei denen sie sich kompetent fühlen.

5. **Authentizität statt Anpassung**: Versuchen Sie nicht, sich an vermeintliche männliche Interessen anzupassen oder Ihre eigenen Vorlieben herunterzuspielen. Authentizität wird fast immer geschätzt und erkannt.

6. **Verständnis für unterschiedliche Kommunikationsrhythmen**: Manche Männer antworten weniger häufig, aber dafür ausführlicher. Ein unterschiedlicher Kommunikationsrhythmus bedeutet nicht notwendigerweise mangelndes Interesse.

7. **Klare Signale für Interesse**: Während zu forsche Annäherungen kontraproduktiv sein können, schätzen viele Männer klare Hinweise auf Interesse. Subtile Hinweise werden manchmal nicht erkannt oder missverstanden.

## Themen, die männliche Antwortende ansprechen

Bestimmte Gesprächsthemen haben sich als besonders effektiv erwiesen, um männliche Inserenten zu engagieren und tiefere Gespräche zu fördern:

1. **Berufs- und Projektbezogene Themen**: Fragen zu beruflichen Projekten, Herausforderungen oder Erfolgen ermöglichen es vielen Männern, über einen wichtigen Teil ihrer Identität zu sprechen.

2. **Zukunftsvisionen und Ziele**: Gespräche über persönliche oder berufliche Zukunftspläne, Träume oder angestrebte Projekte können tiefere Einblicke in Werte und Prioritäten ermöglichen.

3. **Gemeinsame Interessen vertiefen**: Wenn Sie gemeinsame Interessen identifiziert haben, lohnt es sich, tiefer in diese einzutauchen. Dabei über Erfahrungen, Vorlieben und Erkenntnisse in diesem Bereich zu sprechen, schafft Verbindung.

4. **Meinungs- und Perspektivenaustausch**: Gespräche über Weltanschauungen, Bücher, Filme oder aktuelle Ereignisse (ohne in politische Kontroversen abzugleiten) können intellektuelle Verbindungen schaffen.

5. **Reiseerfahrungen und -träume**: Reisen als Thema verbindet persönliche Erlebnisse mit Zukunftswünschen und bietet vielfältige Anknüpfungspunkte für weitere Gespräche.

6. **Herausforderungen und Wachstumserfahrungen**: Gespräche über gemeisterte Herausforderungen oder wichtige Lebenslektionen können tiefere Einblicke in Charakterstärken und Werte ermöglichen.

7. **Humor und leichte Themen**: Nicht jedes Gespräch muss tiefgründig sein. Austausch über humorvolle Beobachtungen oder alltägliche Freuden kann die Kommunikation auflockern und Sympathie fördern.

Es ist dabei wichtig, mit diesen Themen natürlich umzugehen und sie nicht als "Strategie" einzusetzen.

Authentisches Interesse ist immer spürbar und bildet die Basis für gelungene Kommunikation.

## Aufbau echter Verbindungen durch gemeinsame Interessen

Gemeinsame Interessen können als Katalysator für tiefere Verbindungen dienen. Hier einige Ansätze:

1. **Vom Allgemeinen zum Spezifischen**: Beginnen Sie mit breiteren Aspekten eines gemeinsamen Interesses und vertiefen Sie das Gespräch schrittweise. Beispiel: Von "Ich wandere auch gern" zu "Welche Route hat dich bisher am meisten beeindruckt und warum?"

2. **Persönliche Bedeutung erforschen**: Fragen Sie nach der persönlichen Bedeutung von Hobbys oder Interessen. "Was bedeutet dir das Fotografieren?" eröffnet tiefere Einblicke als "Welche Kamera benutzt du?"

3. **Erfahrungsaustausch statt Faktenvergleich**: Teilen Sie persönliche Erlebnisse und Eindrücke statt reiner Fakten. "Bei meiner letzten Bergwanderung hat mich besonders beeindruckt, wie..." schafft mehr Verbindung als eine Auflistung bestiegener Gipfel.

4. **Gemeinsame Zukunftsperspektiven**: Vorsichtige Andeutungen gemeinsamer zukünftiger Aktivitäten können Interesse signalisieren: "Dieses Festival klingt faszinierend – vielleicht eine Entdeckung für die Zukunft."

5. **Vom Interesse zur Wertehaltung**: Interessen reflektieren oft Werte. Der Austausch über die

tieferen Aspekte von Hobbys kann Wertübereinstimmungen offenbaren: Ein Interesse an Nachhaltigkeit kann sich in Hobbys wie Gärtnern, Reparieren oder Naturschutz zeigen.

6. **Balance zwischen Gemeinsamkeiten und Unterschieden**: Während Gemeinsamkeiten verbinden, können respektvoll diskutierte Unterschiede das Gespräch bereichern und gegenseitiges Lernen fördern.

# Beispiele erfolgreicher Gespräche

**Beispiel 1: Erste Kontaktaufnahme einer Frau mit einem männlichen Inserenten**

*Original-Anzeige: "Ingenieur (37), begeisterter Hobbyfotograf mit Faible für Architektur und italienische Küche sucht weltoffene, humorvolle Partnerin für gemeinsame Entdeckungen und mehr..."*

*Erste Nachricht von Claudia:*

"Hallo,

deine Anzeige hat mich neugierig gemacht – besonders die Kombination aus Ingenieursblick und fotografischer Kreativität finde ich interessant. Ich bin Claudia, 34, arbeite im Kulturmanagement und bewege mich zwischen organisatorischer Präzision und künstlerischer Freiheit.

Dein Interesse an Architektur spricht mich besonders an. Ich habe letztes Jahr eine Ausstellung über zeitgenössische japanische Architektur mitorganisiert, die mich nachhaltig beeindruckt hat – die Balance zwischen Funktionalität und ästhetischer Reduktion fasziniert mich. Fotografierst du vor allem Gebäude oder auch andere

Motive? Und hast du einen Architekturstil, der dich besonders anzieht?

Was die italienische Küche betrifft: Ich habe vor einigen Jahren einen Kochkurs für regionale italienische Gerichte besucht und seither eine Leidenschaft für selbstgemachte Pasta entwickelt. Es gibt wenig Befriedigenderes als einen Teller perfekt al dente gekochter Pasta mit einer Sauce, die den ganzen Tag köcheln durfte!

Ich würde mich freuen, mehr von dir zu erfahren – vielleicht über deine fotografischen Projekte oder was dich sonst bewegt.

Viele Grüße, Claudia"

*Antwort von Michael:*

"Hallo Claudia,

vielen Dank für deine Nachricht, die tatsächlich genau die Aspekte meiner Anzeige aufgreift, die mir am wichtigsten sind. Die Verbindung von Ingenieursdenken und kreativem Ausdruck ist tatsächlich ein spannender Spagat, den ich täglich lebe.

Deine Erfahrung mit der japanischen Architekturausstellung klingt faszinierend! Genau dieser Stil – die klare Linienführung, die durchdachte Raumnutzung und die Verbindung zur Natur – gehört tatsächlich zu meinen fotografischen Vorlieben. Ich bin vor allem von Industriearchitektur und moderner Wohnarchitektur fasziniert, insbesondere wenn alte Strukturen neu interpretiert werden. Ein Konversionsprojekt hier in der Stadt, bei dem ein ehemaliges Fabrikgebäude in Wohnraum umgewandelt wurde, dokumentiere ich seit drei Jahren in allen Phasen –

ein persönliches Projekt, das die Transformation des Raumes festhält.

Neben Architektur fotografiere ich auf Reisen aber auch gerne Menschen in ihrem alltäglichen Umfeld – nicht als Portraits, sondern eher als Teil ihrer Umgebung. Die Geschichte, die ein Ort zusammen mit seinen Menschen erzählt, finde ich oft berührender als das reine Gebäude.

Selbstgemachte Pasta! Das ist tatsächlich eine Kunst, die ich bewundere, aber noch nicht gemeistert habe. Mein Beitrag zur italienischen Küche beschränkt sich bisher auf verschiedene Variationen von Risotto und eine über Jahre perfektionierte Tomatensauce für Pasta. Was ist dein Lieblingsrezept aus dem Kochkurs? Und wie bist du zum Kulturmanagement gekommen?

Ich freue mich auf deine Antwort und weitere Einblicke in deine Welt.

Viele Grüße, Michael"

**Beispiel 2: Weiterführender Austausch (nach etwa einer Woche Kommunikation)**

*Von Barbara an Thomas:*

"Lieber Thomas,

deine Beschreibung des Segeltörns in Kroatien hat meine Reiselust definitiv angeheizt! Die Vorstellung, morgens in einer einsamen Bucht aufzuwachen, direkt vom Boot ins kristallklare Wasser zu springen und abends in einem kleinen Hafenrestaurant frischen Fisch zu genießen – das klingt nach dem perfekten Ausgleich zum Arbeitsalltag. Ich bin zwar keine erfahrene Seglerin, aber immer offen für neue Abenteuer, und deine Begeisterung ist ansteckend.

In deiner letzten Nachricht hast du erwähnt, dass dein Job als Projektmanager zwar fordernd ist, dir aber die Freiheit gibt, etwa alle zwei Monate eine längere Auszeit zu nehmen. Diese Balance zwischen intensiver Arbeit und bewusster Erholung klingt sehr durchdacht. Ich jongliere in meinem Beruf als Grafikdesignerin ähnlich – arbeite in Projektphasen oft lange, genieße dann aber die Freiheit, zwischendurch Zeit für Kreativität und Reisen zu haben. Dieser Rhythmus scheint mir gesünder als der klassische 2-Wochen-Jahresurlaub.

Was mir in unserem Austausch auffällt: Wir scheinen beide diese Mischung aus Struktur und Freiheit zu schätzen, sei es beim Reisen, in der Arbeit oder in der Gestaltung unseres Alltags. Vielleicht ist das ein Lebensansatz, der uns verbindet?

Ich würde gerne mehr über deine Gedanken zur Work-Life-Balance erfahren. War die Entscheidung für ein projektorientiertes Arbeitsmodell eine bewusste Lebensentscheidung oder hat sich das eher so entwickelt? Und gibt es etwas, das du an deinem aktuellen Rhythmus ändern würdest, wenn du könntest?

Nach unserem bisherigen Austausch könnte ich mir gut vorstellen, diese Gespräche bei einem Kaffee oder einem Spaziergang fortzusetzen. Was meinst du dazu? Ich bin nächste Woche relativ flexibel und würde mich freuen, dich kennenzulernen.

Herzliche Grüße, Barbara"

*Von Thomas an Barbara:*

"Liebe Barbara,

deine Resonanz auf meine Segelgeschichten freut mich!
Es ist immer wieder schön zu sehen, wie bestimmte
Erlebnisse bei anderen Menschen Bilder und Sehnsüchte
wecken können. Und keine Sorge wegen der
Segelerfahrung – ich habe schon komplette Anfänger
mitgenommen, die nach zwei Tagen nicht mehr von Bord
wollten. Das Meer hat seine eigene Art, Menschen in
seinen Bann zu ziehen.

Deine Beobachtung zu unserem gemeinsamen
Verständnis von Lebensrhythmus trifft ins Schwarze.
Diese Balance zwischen Struktur und Freiheit ist
tatsächlich etwas, das mir erst mit den Jahren bewusst
geworden ist. Zu deiner Frage: Der Weg zu meinem
heutigen Arbeitsmodell war eine Mischung aus bewusster
Entscheidung und glücklichen Umständen. Nach einem
klassischen Angestelltenverhältnis mit wenig Flexibilität
habe ich vor acht Jahren gekündigt – eigentlich um eine
längere Auszeit zu nehmen. Daraus entwickelten sich
dann erste Freelance-Projekte, und irgendwann wurde
klar, dass dieses Modell viel besser zu mir passt.

Wenn ich etwas ändern könnte? Vermutlich würde ich
noch mehr Strukturen schaffen, um die intensiven
Arbeitsphasen effektiver zu gestalten – damit noch mehr
Raum für die freien Zeiten entsteht. Ich experimentiere
gerade mit verschiedenen Produktivitätstechniken. Als
Grafikdesignerin kennst du sicher auch diese Balance
zwischen kreativen Flusszeiten und strukturiertem
Abarbeiten.

Dein Vorschlag, unser Gespräch persönlich fortzusetzen,
kommt genau zur richtigen Zeit. Ich hatte beim Schreiben
meiner letzten Mail bereits überlegt, ob wir den Schritt

vom digitalen zum realen Austausch wagen sollten. Ich würde mich sehr freuen, dich kennenzulernen! Nächste Woche passt bei mir gut – wie wäre es mit Mittwoch oder Donnerstag Nachmittag? Es gibt ein nettes Café in der Nähe des Stadtparks, das eine gute Atmosphäre für Gespräche bietet, oder wir könnten bei gutem Wetter direkt einen Spaziergang durch den Park machen.

Was denkst du?

Herzliche Grüße und ein schönes Wochenende, Thomas"

Diese Beispiele zeigen einige wichtige Elemente erfolgreicher Kommunikation:

- Aufgreifen spezifischer Inhalte aus vorangegangenen Nachrichten

- Teilen persönlicher Perspektiven und Erfahrungen

- Wechsel zwischen Erzählen und Nachfragen

- Identifizieren von gemeinsamen Werten und Lebensansätzen

- Natürlicher, nicht übereilter Übergang zum persönlichen Treffen

- Konkrete, aber flexible Vorschläge für ein erstes Treffen

Im nächsten Kapitel werden wir uns mit dem wichtigen Übergang vom Schriftverkehr zum persönlichen Treffen beschäftigen und Strategien für ein gelungenes erstes Kennenlernen diskutieren.

# Vom Text zum persönlichen Treffen

## Zeitliche Überlegungen für den Vorschlag eines Treffens

Der richtige Zeitpunkt für den Vorschlag eines persönlichen Treffens ist entscheidend für den weiteren Verlauf der Beziehung:

1. **Die 5-10 Nachrichten-Regel**: Erfahrungsgemäß entwickelt sich nach etwa 5-10 ausgetauschten substanziellen Nachrichten ein gutes Gefühl dafür, ob ein persönliches Treffen sinnvoll ist. Bei kürzeren Nachrichten kann diese Zahl höher liegen.

2. **Qualität vor Quantität**: Wichtiger als die reine Anzahl der Nachrichten ist deren Tiefe und Gehalt. Wenn bereits ein guter Einblick in Persönlichkeit, Werte und Lebensstil gewonnen wurde, kann ein Treffen früher angebracht sein.

3. **Die 2-3 Wochen-Orientierung**: Als zeitlicher Rahmen haben sich etwa 2-3 Wochen Kommunikation bewährt. Eine zu lange rein schriftliche Phase kann zu unrealistischen Erwartungen oder einer "Pen-Pal-Dynamik" führen.

4. **Signale erkennen**: Achten Sie auf Hinweise, dass Ihr Gegenüber bereit für ein Treffen sein könnte:

- o Zunehmend persönlichere Themen

- o Häufigere oder längere Nachrichten

- o Andeutungen gemeinsamer Aktivitäten oder Interessen

- o Fragen nach Alltagsdetails (Wohnort, Tagesabläufe)

5. **Zwischenschritte einbauen**: Bei Unsicherheit kann ein Telefonat oder Videogespräch als Zwischenschritt dienen. Dies reduziert Hemmschwellen und bietet eine zusätzliche Ebene der Vertrauensbildung.

6. **Regionale Unterschiede**: In ländlichen Gebieten mit größeren Entfernungen ist oft eine längere Kommunikationsphase üblich als in urbanen Zentren.

Die goldene Regel lautet: Ein Treffen sollte vorgeschlagen werden, wenn genug Vertrauen und Interesse aufgebaut wurde, um die Begegnung entspannt zu gestalten, aber früh genug, um keine überhöhten Erwartungen entstehen zu lassen.

## Auswahl geeigneter Orte für erste Treffen

Die Wahl des Treffpunkts kann erheblichen Einfluss auf den Verlauf und Erfolg eines ersten Kennenlernens haben:

1. **Grundprinzipien für erste Treffen**:

- o Öffentlicher Ort mit moderatem Besucheraufkommen

- o Gute Erreichbarkeit für beide Seiten

- o Angenehmer Geräuschpegel, der Gespräche ermöglicht

- o Neutrale Umgebung ohne zu starke Assoziationen

- o Option zum Verlängern oder höflichen Beenden

2. **Bewährte erste Treffpunkte:**

- o Cafés mit entspannter Atmosphäre

- o Ruhige Bars am frühen Abend

- o Museumscafés oder Kunstausstellungen

- o Botanische Gärten oder gepflegte Stadtparks

- o Ungezwungene Bistros oder Tagesrestaurants

3. **Aktivitätsorientierte Alternativen:**

- o Kurze Stadtspaziergänge mit Einkehrmöglichkeit

- o Kleine Märkte oder Kunsthandwerksmessen

- o Öffentliche Kulturveranstaltungen

- o Gemeinsamer Besuch einer Buchhandlung

4. **Zu vermeidende Orte für erste Treffen:**

- o Hochpreisige Restaurants (erzeugen Druck)

- o Kinos oder Theater (verhindern Gespräche)

- o Sehr belebte oder laute Locations

- o Abgelegene Orte oder private Räumlichkeiten

- o Orte mit persönlicher Bedeutung für eine Seite

5. **Kreative, aber unverbindliche Optionen**:

- o Gemeinsamer Besuch einer offenen Kunstgalerie

- o Treffen bei einer öffentlichen Lesung

- o Spaziergang in einer belebten Einkaufsstraße mit Kaffeepause

- o Besuch eines Wochenmarktes am Vormittag

Ein idealer erster Treffpunkt sollte sowohl Sicherheit vermitteln als auch Raum für persönliche Gespräche bieten und einen natürlichen Zeitrahmen (etwa 1-2 Stunden) nahelegen, der bei positiver Resonanz verlängert werden kann.

## Setzen von Erwartungen und Grenzen

Eine klare, aber sensible Kommunikation von Erwartungen und Grenzen schafft von Anfang an eine gesunde Basis:

1. **Zeitlicher Rahmen**:

o Vereinbaren Sie einen klaren zeitlichen Rahmen für das erste Treffen

o Eine Formulierung wie "Ich habe bis etwa 18 Uhr Zeit" schafft Klarheit ohne Druck

o Die Option einer Verlängerung bei beiderseitigem Interesse kann offen bleiben

**2. Kommunikation persönlicher Grenzen:**

o Legen Sie Grenzen freundlich, aber bestimmt fest

o Formulierungen wie "Für ein erstes Treffen würde ich gerne an einem öffentlichen Ort bleiben" sind klar und respektvoll

o Bieten Sie Alternativen an, wenn Sie einen Vorschlag ablehnen

**3. Transparenz bezüglich der Beziehungsvorstellung:**

o Signalisieren Sie behutsam, welche Art von Kennenlernen Sie anstreben

o Vermeiden Sie jedoch "Alles-oder-Nichts"-Positionierungen beim ersten Treffen

o Balance zwischen Offenheit und übermäßigem Vorausplanen wahren

**4. Kulturelle und persönliche Unterschiede beachten:**

- o Berücksichtigen Sie unterschiedliche Komfortzonen bei Begrüßungsritualen

- o Respektieren Sie kulturelle oder religiöse Einschränkungen

- o Seien Sie sensibel für nonverbale Hinweise auf Unbehagen

5. **Exit-Strategien kommunizieren**:

- o Ein im Vorfeld vereinbartes Zeitlimit bietet einen natürlichen Endpunkt

- o Schaffen Sie Verständnis dafür, dass ein erstes Treffen dem gegenseitigen Kennenlernen dient

- o Vermeiden Sie Verpflichtungen zu Folgetreffen vor dem ersten Kennenlernen

6. **Balance zwischen Schutz und Offenheit**:

- o Schützen Sie Ihre Privatsphäre, ohne misstrauisch zu wirken

- o Teilen Sie nur so viel persönliche Information, wie Sie sich wohlfühlen

- o Kommunizieren Sie Ihre Grenzen als persönliche Präferenz, nicht als Misstrauen

## Vorbereitungstipps für die erste persönliche Begegnung

Eine gute Vorbereitung schafft die Basis für ein entspanntes und authentisches erstes Treffen:

1. **Mentale Vorbereitung**:

    o Vergegenwärtigen Sie sich die bisherigen Gesprächsthemen

    o Notieren Sie sich 3-5 Fragen oder Themen für mögliche Gesprächspausen

    o Reflektieren Sie Ihre eigenen Erwartungen und passen Sie sie realistisch an

    o Visualisieren Sie ein entspanntes, positives Gespräch

2. **Praktische Vorbereitung**:

    o Planen Sie genügend Zeit für Anreise und Vorbereitung ein

    o Recherchieren Sie den Treffpunkt im Vorfeld (Erreichbarkeit, Atmosphäre)

    o Wählen Sie Kleidung, in der Sie sich wohlfühlen und die zu Ihnen passt

    o Achten Sie auf Balance zwischen Natürlichkeit und gepflegtem Erscheinungsbild

3. **Sicherheitsmaßnahmen**:

    o Informieren Sie eine Vertrauensperson über Ort und Zeitpunkt

    o Arrangieren Sie eigene Anreise und potenzielle Abreise

o Vereinbaren Sie einen "Check-in" mit einem Freund während oder nach dem Treffen

o Haben Sie ein aufgeladenes Handy dabei

**4. Kommunikative Vorbereitung**:

o Üben Sie kurz Ihre Selbstpräsentation (ohne sie auswendig zu lernen)

o Reflektieren Sie Ihre Körpersprache und nonverbale Kommunikation

o Bereiten Sie sich auf häufige Erstgespräch-Themen vor

o Überlegen Sie, wie Sie mit schwierigen Fragen umgehen möchten

**5. Umgang mit Nervosität**:

o Praktizieren Sie vor dem Treffen Entspannungstechniken (tiefes Atmen, kurze Meditation)

o Akzeptieren Sie Nervosität als normal und sprechen Sie sie bei Bedarf an

o Planen Sie etwas früher anzukommen, um in Ruhe anzukommen

o Erinnern Sie sich an Ihre positiven Eigenschaften und bisherigen Erfolge

**6. Nach dem Treffen**:

- o Planen Sie Zeit zur Reflexion nach dem Treffen ein

- o Vermeiden Sie unmittelbar anschließende Verpflichtungen

- o Überlegen Sie sich, wie Sie die Nachbereitung gestalten möchten

# Beispieldialoge für die Vereinbarung von Treffen

**Beispiel 1: Vorschlag für ein erstes Treffen nach etwa zwei Wochen Austausch**

*Von Martin an Julia:*

"Liebe Julia,

unser Austausch der letzten zwei Wochen hat mir viel Freude bereitet. Deine Gedanken zur Verbindung von traditionellem Handwerk und moderner Kunst haben mich besonders beeindruckt und zum Nachdenken angeregt. Ich merke, dass sich unsere Perspektiven in vielen Bereichen ergänzen, auch wenn wir manchmal von unterschiedlichen Ausgangspunkten starten.

Nach unseren anregenden Nachrichten würde ich dich gerne persönlich kennenlernen. Ich kann mir vorstellen, dass ein Gespräch von Angesicht zu Angesicht unseren Gedankenaustausch noch bereichern könnte. Wie wäre es mit einem Treffen in der kommenden Woche? Das Café Ludwig in der Altstadt bietet eine angenehme

Atmosphäre für Gespräche, oder wir könnten bei gutem Wetter einen Spaziergang durch den Schlossgarten machen.

Ich könnte am Dienstag oder Donnerstag ab 17 Uhr, oder am Samstagnachmittag. Falls dir ein anderer Tag oder Ort besser passt, bin ich offen für Vorschläge.

Natürlich verstehe ich auch, wenn du noch etwas Zeit für unseren schriftlichen Austausch bevorzugst.

Ich freue mich auf deine Gedanken dazu.

Herzliche Grüße, Martin"

*Von Julia an Martin:*

"Lieber Martin,

auch ich empfinde unseren Austausch als bereichernd und anregend. Deine Fähigkeit, philosophische Gedanken mit alltäglichen Beobachtungen zu verbinden, macht unsere Gespräche besonders wertvoll für mich.

Dein Vorschlag kommt zur richtigen Zeit – ich habe in den letzten Tagen auch darüber nachgedacht, dass es schön wäre, unser Gespräch in persönlicherer Form fortzusetzen. Donnerstag ab 17 Uhr würde bei mir gut passen. Das Café Ludwig kenne ich tatsächlich und finde die Atmosphäre dort sehr angenehm. Da der Wetterbericht für Donnerstag sonnig ist, könnten wir uns dort treffen und spontan entscheiden, ob wir bleiben oder einen Spaziergang machen.

Ich schlage vor, dass wir etwa 1-2 Stunden einplanen – so haben wir genug Zeit für ein gutes Gespräch, aber auch die Möglichkeit, den Abend offen zu gestalten.

Damit wir uns erkennen: Ich trage meistens eine markante rote Brille und habe schulterlanges braunes Haar. Oder wir können auch kurz telefonieren, wenn wir am Café sind.

Ich freue mich auf die Begegnung und bin gespannt, wie sich unsere schriftlichen Gedanken in einem direkten Gespräch entwickeln werden.

Herzliche Grüße, Julia"

**Beispiel 2: Vorschlag mit vorherigem Telefonat als Zwischenschritt**

*Von Sarah an Thomas:*

"Lieber Thomas,

in den letzten Tagen habe ich mich immer wieder dabei ertappt, wie ich lächelnd auf mein Handy schaue, wenn eine Nachricht von dir kommt. Unsere Gespräche über Literatur, Reisen und die kleinen Absurditäten des Alltags haben mir viele neue Perspektiven eröffnet.

Nach fast drei Wochen intensivem Schriftverkehr würde ich gerne den nächsten Schritt wagen. Hättest du Lust, dass wir zunächst einmal telefonieren? Manchmal sagt eine Stimme mehr als hundert geschriebene Worte, und es wäre schön, unseren Austausch auf diese Weise zu vertiefen. Falls das für dich passt, könnte ich am Mittwoch oder Donnerstagabend zwischen 19 und 21 Uhr.

Wenn das Telefonat für uns beide angenehm ist, könnten wir dann ein persönliches Treffen ins Auge fassen. Ich bin zwar grundsätzlich ein recht direkter Mensch, finde aber, dass solche Übergänge ihre Zeit brauchen dürfen.

Wie siehst du das?

Herzliche Grüße, Sarah"

*Von Thomas an Sarah:*

"Liebe Sarah,

deine Nachricht hat bei mir das gleiche Lächeln hervorgerufen, von dem du schreibst. Es ist erstaunlich, wie sich über Worte auf einem Bildschirm eine solche Verbindung entwickeln kann, nicht wahr?

Dein Vorschlag mit dem Telefonat kommt meinen eigenen Gedanken sehr entgegen. Ich schätze diesen schrittweisen Ansatz und finde es angenehm, dass wir ähnlich an die Sache herangehen. Donnerstagabend um 20 Uhr würde bei mir gut passen. Meine Nummer ist [Telefonnummer] – oder ich kann dich anrufen, wenn du mir deine Nummer mitteilst.

Ich bin gespannt auf deine Stimme und darauf, wie sich unser Gespräch in dieser direkteren Form entwickelt. Und ja, ein persönliches Treffen als nächster Schritt klingt nach einem guten Plan, den wir nach dem Telefonat konkretisieren können.

Bis Donnerstag – ich freue mich darauf!

Herzliche Grüße, Thomas"

Diese Beispiele zeigen verschiedene Herangehensweisen an den Übergang vom Schriftverkehr zum persönlichen Kennenlernen. Wichtig sind dabei immer Respekt für das individuelle Tempo, klare aber unaufdringliche Vorschläge und die Offenheit für die Präferenzen des anderen.

Im nächsten Kapitel werden wir Erfolgsgeschichten und Fallstudien betrachten, die zeigen, wie aus Kleinanzeigenkontakten dauerhafte Beziehungen entstehen können.

## Erfolgsgeschichten und Fallstudien

### Beispiele aus dem echten Leben von Beziehungen, die mit Kleinanzeigen begannen

#### Fallstudie 1: Maria und Stefan - Von der Lokalzeitung zum Ehealtar

Maria (42), Grundschullehrerin, hatte nach einer längeren Singlepause eine Anzeige in der Wochenendausgabe ihrer Regionalzeitung aufgegeben. Sie beschrieb sich als "naturverbundene, lesebegeisterte Frau mit Freude an kleinen Alltagsabenteuern". Stefan (47), Landschaftsarchitekt, antwortete mit einem zweiseitigen handgeschriebenen Brief, in dem er von seiner Leidenschaft für heimische Wildpflanzen und seinem Lieblingsbuch "Der Baron auf den Bäumen" erzählte.

Nach drei ausgetauschten Briefen – ja, echter Briefpost – trafen sie sich zu einem Spaziergang durch einen botanischen Garten. "Die Briefe hatten bereits eine Vertrautheit geschaffen, die ich von Dating-Apps nie kannte", erzählt Maria. "Als wir uns trafen, war es, als würden wir ein Gespräch fortsetzen, nicht neu beginnen."

Heute, vier Jahre später, sind Maria und Stefan verheiratet und führen gemeinsam Workshops für naturnahes

Gärtnern durch. "Ohne die Anzeige hätten wir uns nie gefunden", sagt Stefan. "Obwohl wir nur 15 Kilometer voneinander entfernt wohnten, bewegten wir uns in völlig verschiedenen Kreisen."

## Fallstudie 2: Jens und Thomas - Die unerwartete Verbindung

Jens (35) platzierte eine Anzeige in einem Special-Interest-Magazin für klassische Musik, in der er einen "kulturbegeisterten Partner für Konzertbesuche und mehr" suchte. Er erhielt mehrere interessante Antworten, darunter die von Thomas (39), einem Geigenlehrer.

"Ich hatte eigentlich nicht explizit einen Mann gesucht", erklärt Jens, "aber Thomas' erste Nachricht war so einfühlsam und zeigte ein so tiefes Verständnis für meine Musikbegeisterung, dass ich neugierig wurde." Nach zwei Monaten regelmäßigen E-Mail-Austauschs trafen sie sich zu einem Kammerkonzert.

"Das Besondere an unserem Kennenlernen war, dass wir uns zuerst über unsere Leidenschaften und Werte kennenlernten, nicht über Äußerlichkeiten", sagt Thomas. "Als wir uns dann trafen, war die Chemie sofort da, aber auf einem soliden Fundament."

Heute, sechs Jahre später, leben Jens und Thomas zusammen und organisieren kleine Hauskonzerte in ihrem Wohnzimmer. "Die Anzeige hat mir die Tür zu einer Beziehung geöffnet, die ich vielleicht aus Voreingenommenheit verpasst hätte, wenn ich Thomas zuerst auf andere Weise kennengelernt hätte", reflektiert Jens.

## Fallstudie 3: Karin und Markus - Der zweite Anlauf

Karin (54), Unternehmensberaterin und seit acht Jahren geschieden, hatte bereits mehrere erfolglose Versuche mit Dating-Plattformen hinter sich, als sie eine Anzeige in der ZEIT aufgab. "Ich war sehr spezifisch in meiner Anzeige", erinnert sie sich. "Ich suchte einen Mann mit eigener Lebenserfahrung, intellektuellem Tiefgang und emotionaler Reife, der das Leben in vollen Zügen genießt."

Markus (58), Architekt und Witwer, antwortete mit einer durchdachten E-Mail. Die ersten Nachrichten waren vielversprechend, aber beim ersten Treffen in einem Café spürten beide keine besondere Verbindung. "Es war nicht unangenehm, aber es fehlte der Funke", beschreibt Karin.

Sie blieben jedoch höflich in Kontakt und trafen sich drei Monate später zufällig bei einer Vernissage wieder. In der entspannteren Umgebung, ohne den Druck eines "Dates", entwickelte sich ein fließendes Gespräch. "Beim zweiten Mal war alles anders", sagt Markus. "Ich glaube, beim ersten Treffen waren wir beide zu verkopft und hatten zu hohe Erwartungen."

Aus diesem zweiten, ungeplanten Treffen entwickelte sich eine tiefe Beziehung. Heute, fünf Jahre später, leben sie in einer glücklichen Partnerschaft. "Manchmal braucht es einen zweiten Anlauf", meint Karin. "Die Kleinanzeige war der Startpunkt, aber wir mussten unseren eigenen Rhythmus finden."

### Fallstudie 4: Elisa und Daniel - Vom Briefwechsel zur Familie

Elisa (31), Krankenschwester mit Leidenschaft für Fotografie, antwortete auf die Anzeige von Daniel (36), einem Programmierer, in einem

Online-Kleinanzeigenportal. "Seine Anzeige fiel mir auf, weil sie so anders war", erzählt Elisa. "Statt einer Liste von Hobbys beschrieb er, wie er an einem verregneten Sonntag seine Wohnung in eine Galerie verwandelte und Freunde zu einer improvisierten Ausstellung einlud."

Ihr Austausch begann mit kurzen E-Mails, entwickelte sich aber schnell zu ausführlichen Nachrichten, in denen sie über ihre Sicht auf die Welt, ihre Kindheit und ihre Träume schrieben. "Es war wie ein moderner Briefroman", lacht Daniel. Nach sechs Wochen intensiver Korrespondenz trafen sie sich in einem Park.

"Das Erstaunliche war, wie natürlich sich das erste Treffen anfühlte", erinnert sich Elisa. "Es gab keine unangenehmen Schweigemomente oder das typische Abfragen von Lebensdaten – all das hatten wir bereits schriftlich geteilt."

Heute sind Elisa und Daniel verheiratet und haben eine zweijährige Tochter. Sie haben ihre gesamte Korrespondenz ausgedruckt und gebunden – als Erinnerung und als zukünftiges Geschenk für ihre Tochter. "Diese Briefe zeigen, wie wir uns kennengelernt und ineinander verliebt haben", sagt Daniel. "Das ist ein Schatz, den wir bewahren möchten."

## Analyse dessen, was diese Verbindungen erfolgreich machte

Bei der Analyse dieser und weiterer Erfolgsgeschichten kristallisieren sich mehrere gemeinsame Faktoren heraus:

1. **Tiefgehende schriftliche Kommunikation vor dem ersten Treffen**: In allen erfolgreichen Fällen ging dem persönlichen Kennenlernen ein

substanzieller Austausch voraus, der über oberflächliche Informationen hinausging.

2. **Gemeinsame Leidenschaften als Ausgangspunkt**: Die meisten dauerhaften Verbindungen begannen mit einem oder mehreren gemeinsamen Interessen, die als Anker für tiefere Gespräche dienten.

3. **Geduld und natürliche Entwicklung**: Erfolgreiche Paare ließen ihrer Beziehung Zeit zum Wachsen und folgten keinem vorgegebenen Zeitplan oder gesellschaftlichen Erwartungen.

4. **Authentizität von Anfang an**: Ehrlichkeit in der Selbstdarstellung schuf eine solide Basis für Vertrauen, selbst wenn dies bedeutete, auch eigene Schwächen oder Besonderheiten früh zu thematisieren.

5. **Bewusste Entscheidung für diese Kontaktform**: Menschen, die Kleinanzeigen mit Überzeugung und nicht als "letzte Option" nutzten, berichteten von positiveren Erfahrungen.

6. **Offenheit für Unerwartetes**: Viele erfolgreiche Beziehungen entstanden, wenn mindestens eine Person offen für eine Verbindung war, die nicht exakt ihren ursprünglichen Vorstellungen entsprach.

7. **Reflektierte Kommunikation**: Die Fähigkeit, eigene Gedanken und Gefühle klar zu artikulieren und auf die des anderen einzugehen, zeigte sich als zentraler Erfolgsfaktor.

# Gemeinsame Muster in erfolgreichen Matches

Über die individuellen Geschichten hinaus lassen sich einige wiederkehrende Muster identifizieren:

1. **Kommunikationsrhythmus**: Erfolgreiche Paare entwickelten früh einen regelmäßigen, aber nicht übermäßig intensiven Kommunikationsrhythmus, der zu beider Lebensstil passte.

2. **Schrittweise Offenbarung**: Die meisten dauerhaften Beziehungen zeichneten sich durch eine graduelle Vertiefung der geteilten persönlichen Informationen aus – nicht durch zu schnelle oder zu verzögerte Intimität.

3. **Balance zwischen Gemeinsamkeiten und Unterschieden**: Interessanterweise berichteten erfolgreiche Paare oft von einer Mischung aus grundlegenden gemeinsamen Werten und komplementären Unterschieden in Temperament oder Interessen.

4. **Frühes Ansprechen von Kernthemen**: Themen wie Kinderwunsch, Lebensplanung oder zentrale Wertvorstellungen wurden in erfolgreichen Fällen nicht tabuisiert, sondern behutsam und zum passenden Zeitpunkt angesprochen.

5. **Realistische Erwartungen**: Menschen, die mit realistischen Erwartungen in den Prozess gingen

und bereit waren, ihr Gegenüber als komplexe Person kennenzulernen (nicht als Projektionsfläche), berichteten von tieferen Verbindungen.

6. **Emotionale Verfügbarkeit**: Erfolgreiche Matches entstanden häufiger, wenn beide Seiten emotional offen und bereit für eine neue Beziehung waren, unabhängig von vergangenen Erfahrungen.

7. **Respekt für individuelle Grenzen**: Die Akzeptanz unterschiedlicher Tempi bei der Entwicklung von Nähe und Vertrauen zeigte sich als wichtiger Faktor für langfristigen Erfolg.

8. **Proaktive Konfliktlösung**: Paare, die früh lernten, Missverständnisse oder unterschiedliche Erwartungen direkt und konstruktiv anzusprechen, entwickelten stabilere Beziehungen.

## Lehren aus Misserfolgen

Aus den weniger erfolgreichen Begegnungen lassen sich ebenso wertvolle Einsichten gewinnen:

1. **Idealisierung durch lange Schriftphase**: Ein zu langer ausschließlich schriftlicher Austausch ohne persönliches Treffen kann zu unrealistischen Vorstellungen führen. Mehrere Teilnehmer berichteten von Enttäuschungen, wenn dem ersten Treffen monatelange intensive Korrespondenzen vorausgingen.

2. **Diskrepanz zwischen Schrift und direkter Kommunikation**: Manche Menschen drücken sich schriftlich deutlich anders aus als im direkten Gespräch. Eine zu große Diskrepanz kann zu Irritationen führen.

3. **Unklare Intentionen**: Wenn die Beziehungsvorstellungen nicht ausreichend kommuniziert wurden, kam es häufiger zu Missverständnissen und Enttäuschungen.

4. **Übermäßiger Fokus auf eine einzelne Verbindung**: Personen, die all ihre Hoffnungen und Energie in einen einzigen vielversprechenden Kontakt investierten, erlebten bei Nichtgelingen oft größere Enttäuschung.

5. **Vernachlässigung von Warnzeichen**: Das Ignorieren früher Inkompatibilitäten oder Kommunikationsprobleme aus Hoffnung auf Besserung führte selten zu erfolgreichen Beziehungen.

6. **Zu schnelle Intimität**: Überstürzte emotionale oder physische Intimität, bevor ein solides Fundament aus Vertrauen und Kenntnis des anderen aufgebaut wurde, erwies sich oft als problematisch.

7. **Mangelnde Reflexion eigener Muster**: Teilnehmer, die ihre eigenen Beziehungsmuster nicht reflektierten, wiederholten diese oft auch in neuen Kontakten.

Die Analyse von Misserfolgen unterstreicht, wie wichtig ein ausgewogenes Tempo, klare Kommunikation und realistische Selbst- und Fremdeinschätzung sind.

## Langfristige Beziehungsentwicklung

Wie entwickeln sich Beziehungen, die über Kleinanzeigen begonnen haben, in der längeren Perspektive?

1. **Geschätzte Ursprungsgeschichte**: Viele langfristige Paare berichten, dass sie ihre ungewöhnliche Kennenlerngeschichte wertschätzen und als Teil ihrer gemeinsamen Identität betrachten. "Unsere Geschichte begann mit Worten auf Papier" wird oft als romantisch und besonders empfunden.

2. **Fundament der Kommunikation**: Die intensive schriftliche Anfangsphase scheint in vielen Fällen eine solide Kommunikationsbasis zu schaffen, die auch in späteren Beziehungsphasen trägt. "Wir haben gelernt, uns mitzuteilen, bevor wir uns in die Augen schauten", beschreibt ein Paar diesen Vorteil.

3. **Bewusstsein für den Wert der Beziehung**: Die bewusste Entscheidung für den anderen und der investierte Aufwand im Kennenlernprozess scheinen bei vielen Paaren zu einem höheren Engagement für die Beziehungspflege zu führen.

4. **Integration der Lebenswelten**: Paare, die sich über Kleinanzeigen fanden, berichten oft von einer schrittweisen, überlegten Integration ihrer Lebenswelten – von Freundeskreisen bis zu Alltagsgewohnheiten.

5. **Umgang mit Herausforderungen**: Die Fähigkeit
   zur reflektierten Kommunikation, die meist schon
   im Kennenlernprozess geübt wurde, erweist sich
   oft als hilfreich bei der Bewältigung späterer
   Beziehungsherausforderungen.

Diese Erfolgsgeschichten und Analysen zeigen, dass der
Weg über Kleinanzeigen nicht nur zu ersten
Begegnungen, sondern durchaus zu tiefen, langfristigen
Verbindungen führen kann. Sie zeigen auch, dass der
sorgfältige, überlegte Prozess des Kennenlernens über
diesen Weg besondere Qualitäten in eine Beziehung
einbringen kann, die in schnelllebigeren Kontexten
manchmal fehlen.

Im nächsten Kapitel werden wir uns mit häufigen
Herausforderungen beschäftigen und Strategien
vorstellen, um mit diesen konstruktiv umzugehen.

# Lösungen für häufige Herausforderungen

## Umgang mit wenigen Antworten

Eine der häufigsten Herausforderungen bei der
Partnersuche über Kleinanzeigen ist eine geringe
Resonanz auf die eigene Anzeige oder auf versandte
Antworten. Hier einige konstruktive Strategien:

1. **Analyse statt Selbstzweifel**: Betrachten Sie eine
   geringe Resonanz als Feedback für Ihre Anzeige,
   nicht als Urteil über Ihre Person. Analysieren Sie
   sachlich, welche Aspekte Ihrer Anzeige Sie
   optimieren könnten.

2. **Revision der Anzeige**: Überarbeiten Sie Ihre Anzeige hinsichtlich:

   o Klarheit und Ansprechbarkeit

   o Balance zwischen Selbstbeschreibung und Partnervorstellungen

   o Originalität und Persönlichkeit

   o Zielgruppenspezifische Ansprache

3. **Medienstreuung**: Erweitern Sie das Spektrum der genutzten Publikationen oder Plattformen. Verschiedene Medien sprechen unterschiedliche Zielgruppen an.

4. **Timing optimieren**: Bei Printmedien kann der Erscheinungstag einen Unterschied machen (Wochenendausgaben haben oft höhere Aufmerksamkeit), bei Online-Plattformen die Tageszeit der Veröffentlichung.

5. **Geduld und Ausdauer**: Die Qualität der Antworten ist wichtiger als die Quantität. Eine einzige passende Antwort kann wertvoller sein als zahlreiche unpassende Kontakte.

6. **Proaktiver Ansatz**: Ergänzen Sie Ihre eigene Anzeige durch aktive Antworten auf andere Anzeigen, die Sie ansprechen. Oft ist ein kombinierter Ansatz erfolgreicher als eine einseitige Strategie.

7. **Feedback einholen**: Lassen Sie Ihre Anzeige von Freunden oder Vertrauenspersonen gegenlesen und

nach ehrlichem Feedback fragen – würden sie auf diese Anzeige antworten?

8. **Erwartungen anpassen**: Je spezifischer Ihre Vorstellungen sind, desto geringer wird naturgemäß die Anzahl passender Antworten sein. Dies ist nicht negativ zu bewerten, sondern ein natürlicher Filterprozess.

Der französische Schriftsteller Antoine de Saint-Exupéry schrieb: "Die Liebe besteht nicht darin, dass man einander ansieht, sondern dass man gemeinsam in die gleiche Richtung blickt." Dieser Gedanke kann tröstlich sein, wenn man auf die eine Person wartet, die in dieselbe Richtung blickt.

## Management mehrerer Gespräche

Manchmal tritt auch der gegenteilige Fall ein – Sie führen gleichzeitig mehrere vielversprechende Korrespondenzen. Dies erfordert Organisationstalent und ethisches Bewusstsein:

1. **Transparente Dokumentation**: Führen Sie für jeden Kontakt diskrete Notizen zu besprochenen Themen, geteilten persönlichen Details und nächsten Gesprächspunkten, um Verwechslungen zu vermeiden.

2. **Ethische Grundhaltung**: Seien Sie sich bewusst, dass hinter jeder Korrespondenz ein Mensch mit Gefühlen und Hoffnungen steht. Handeln Sie respektvoll und aufrichtig.

3. **Zeitmanagement**: Reservieren Sie feste Zeitfenster für Ihre Korrespondenzen, um jedem Kontakt die verdiente Aufmerksamkeit zu schenken und übereilte Antworten zu vermeiden.

4. **Qualität vor Quantität**: Reduzieren Sie bei Überforderung lieber die Anzahl der Kontakte, als die Qualität der Kommunikation zu senken. Es ist fairer, einen Kontakt höflich zu beenden als ihn halbherzig weiterzuführen.

5. **Entscheidungspunkte setzen**: Definieren Sie für sich selbst Zeitpunkte oder Kriterien, nach denen Sie entscheiden, welche Kontakte Sie vertiefen und welche Sie beenden möchten.

6. **Kommunikative Klarheit**: Vermeiden Sie frühzeitige Exklusivitätsversprechen, wenn Sie noch mit mehreren Personen im Austausch sind. Schaffen Sie keine falschen Erwartungen.

7. **Trennung der Kommunikationskanäle**: Nutzen Sie für verschiedene Kontakte möglichst verschiedene Kommunikationswege (z.B. unterschiedliche E-Mail-Adressen oder Notizbücher für handschriftliche Briefe), um Verwechslungen zu vermeiden.

Die Herausforderung besteht darin, jedem Kontakt gerecht zu werden, ohne sich selbst zu überfordern oder ethische Grenzen zu überschreiten.

# Wiederbelebung eines ins Stocken geratenen Gesprächs

Es ist nicht ungewöhnlich, dass eine zunächst vielversprechende Kommunikation ins Stocken gerät. Hier einige Strategien zur Revitalisierung:

1. **Reflektierte Analyse**: Überlegen Sie, an welchem Punkt und warum die Kommunikation abgeflacht ist. War es ein heikles Thema, nachlassendes Interesse oder externe Faktoren wie Zeitmangel?

2. **Offene Anknüpfung**: Greifen Sie ein früheres Gesprächsthema auf, das besonders engagiert diskutiert wurde, und fügen Sie einen neuen Gedanken oder eine persönliche Erfahrung dazu hinzu.

3. **Perspektivwechsel anbieten**: Stellen Sie eine unerwartete, aber nicht zu persönliche Frage, die einen neuen Blickwinkel eröffnet. "Wenn du ein Jahr an jedem beliebigen Ort verbringen könntest – wo wäre das und warum?"

4. **Aktualitätsbezug herstellen**: Teilen Sie ein aktuelles Erlebnis, das mit früher besprochenen Interessen in Verbindung steht. "Ich habe gerade eine Ausstellung besucht, die mich an unser Gespräch über moderne Kunst erinnert hat..."

5. **Verantwortung übernehmen**: Wenn Sie selbst zur Verlangsamung beigetragen haben, können Sie

dies offen ansprechen. "Ich muss gestehen, dass ich in den letzten Wochen beruflich sehr eingespannt war, aber unsere Gespräche haben mir wirklich gefehlt."

6. **Konkretes Gesprächsangebot**: Schlagen Sie einen Medienwechsel vor, wenn der schriftliche Austausch stagniert. "Vielleicht wäre es schön, einmal zu telefonieren statt zu schreiben?"

7. **Akzeptanz der Entwicklung**: Manchmal ist ein versiegen der Kommunikation auch ein natürliches Zeichen nachlassenden beidseitigen Interesses. Die Kunst besteht darin, zu unterscheiden, wann es sich lohnt, in einen Kontakt zu investieren, und wann es besser ist, loszulassen.

Ein Beispiel für eine gelungene Wiederbelebungsnachricht:

*"Lieber Michael,*

*ich musste heute an unser Gespräch über japanische Filme denken, als ich zufällig eine Rezension zu Kurosawas restaurierter Werkschau gelesen habe. Es hat mich daran erinnert, wie anregend unser Austausch war und wie sehr ich deine differenzierte Sichtweise geschätzt habe.*

*Die letzten Wochen waren bei mir turbulent mit einem unerwarteten Projekt, das meine ganze Aufmerksamkeit gefordert hat. Aber nun würde ich gerne den Faden wieder aufnehmen – falls du noch Interesse hast. Hast du vielleicht in der Zwischenzeit einen Film entdeckt, der dich beeindruckt hat?*

*Herzliche Grüße, Anna"*

# Erkennen, wann es Zeit ist, weiterzuziehen

So wertvoll es ist, in vielversprechende Kontakte zu investieren, so wichtig ist es auch, nicht funktionierende Verbindungen rechtzeitig zu erkennen und loszulassen:

1. **Anzeichen für mangelnde Kompatibilität**: Achten Sie auf wiederkehrende Kommunikationsschwierigkeiten, fundamentale Wertunterschiede oder ein konstantes Gefühl, sich erklären oder rechtfertigen zu müssen.

2. **Unausgewogenes Engagement**: Wenn Sie konstant den aktiven Part übernehmen, Gespräche initiieren und die Kommunikation aufrechterhalten, ohne entsprechende Resonanz zu erhalten, ist dies oft ein Hinweis auf einseitiges Interesse.

3. **Fehlende Weiterentwicklung**: Eine gesunde Kommunikation vertieft sich mit der Zeit. Bleibt der Austausch über Wochen auf einer oberflächlichen Ebene stehen, kann dies auf mangelnde Bereitschaft zur Öffnung hindeuten.

4. **Bauchgefühl respektieren**: Oft spüren wir intuitiv, wenn eine Verbindung nicht stimmig ist, noch bevor wir es rational begründen können. Dieses Gefühl verdient Beachtung.

5. **Der Freundschaftstest**: Fragen Sie sich: "Würde ich mit dieser Person eine Freundschaft wollen, wenn romantisches Potenzial ausgeschlossen

wäre?" Wenn die Antwort nein lautet, fehlt möglicherweise eine grundlegende Kompatibilität.

6. **Höflicher Abschluss**: Wenn Sie entscheiden, einen Kontakt zu beenden, tun Sie dies respektvoll und klar. Eine kurze, freundliche Nachricht vermeidet Unklarheit und lässt dem anderen seine Würde.

Ein Beispiel für eine respektvolle Abschlussnachricht:

*"Liebe Julia,*

*ich möchte mich für den interessanten Austausch der letzten Wochen bedanken. Unsere Gespräche haben mir neue Perspektiven eröffnet und waren bereichernd.*

*Nach einiger Reflexion habe ich jedoch das Gefühl, dass wir unterschiedliche Vorstellungen und Erwartungen haben, was eine tiefere Verbindung angeht. Ich glaube, es ist fair und respektvoll uns beiden gegenüber, dies offen anzusprechen, statt die Kommunikation einfach einschlafen zu lassen.*

*Ich wünsche dir von Herzen alles Gute auf deinem weiteren Weg und bin sicher, dass du die Verbindung finden wirst, die zu dir und deinen Wünschen passt.*

*Mit freundlichen Grüßen, Thomas"*

# Motivation bei Rückschlägen aufrechterhalten

Der Prozess der Partnersuche kann emotional herausfordernd sein. Hier einige Strategien zur Aufrechterhaltung einer positiven Grundhaltung:

1. **Realistische Erfolgserwartung**: Verstehen Sie den statistischen Aspekt der Partnersuche. Auch bei optimaler Vorgehensweise ist nur ein kleiner Prozentsatz der Kontakte wirklich vielversprechend.

2. **Selbstwertschutz**: Trennen Sie Ihr Selbstwertgefühl klar vom Erfolg Ihrer Partnersuche. Ablehnung oder mangelnde Resonanz sind kein Urteil über Ihren Wert als Person.

3. **Lernorientierung statt Ergebnisorientierung**: Betrachten Sie jede Erfahrung – auch die enttäuschenden – als Möglichkeit, mehr über sich selbst, Ihre Wünsche und die Dynamik zwischenmenschlicher Beziehungen zu lernen.

4. **Ausgewogenes Leben pflegen**: Sorgen Sie dafür, dass die Partnersuche nur ein Aspekt Ihres Lebens bleibt, nicht dessen Mittelpunkt. Pflegen Sie Freundschaften, Hobbys und persönliche Projekte.

5. **Pausen einlegen**: Gönnen Sie sich bewusste Auszeiten von der aktiven Suche, wenn Sie

Ermüdungserscheinungen bemerken. Oft kehrt die Motivation nach einer Pause von selbst zurück.

6. **Erfolgsgeschichten als Inspiration**: Lassen Sie sich von gelungenen Verbindungen inspirieren, ohne unrealistische Erwartungen zu entwickeln. Erinnern Sie sich daran, dass viele erfolgreiche Paare mehrere Anläufe brauchten.

7. **Unterstützungsnetzwerk aktivieren**: Teilen Sie Ihre Erfahrungen mit vertrauten Freunden, die Sie ermutigen ohne zu drängen. Manchmal hilft ein außenstehender Blick, um Perspektive zu gewinnen.

8. **Prozessfreude entwickeln**: Finden Sie Aspekte am Prozess selbst, die Ihnen Freude bereiten – sei es das kreative Schreiben von Nachrichten, das Kennenlernen interessanter Menschen oder die Selbstreflexion, die damit einhergeht.

Die Partnersuche ist ein Marathon, kein Sprint. Die richtige Einstellung und Selbstfürsorge sind entscheidend, um auf diesem Weg nicht nur anzukommen, sondern ihn auch als bereichernde Erfahrung zu erleben.

Im nächsten Kapitel werden wir uns damit beschäftigen, wie Sie eine beginnende Beziehung nach dem ersten Treffen weiterentwickeln und vertiefen können.

# Nach dem ersten Treffen

## Aufbau einer Beziehung auf der Grundlage von Kleinanzeigenkontakten

Der Übergang von der ersten Begegnung zu einer sich entwickelnden Beziehung ist eine sensible Phase, die besondere Aufmerksamkeit verdient:

1. **Integration der Kommunikationsebenen**: Nach dem ersten Treffen gilt es, die schriftliche und die persönliche Kommunikation harmonisch zu verbinden. Viele erfolgreiche Paare berichten, dass sie auch nach regelmäßigen Treffen den schriftlichen Austausch fortgesetzt haben, da dieser eigene Qualitäten bietet.

2. **Reflektierte Tempofindung**: Die vorangegangene schriftliche Phase hat oft ein besonderes Vertrauensfundament geschaffen. Dennoch ist es wichtig, das Tempo der persönlichen Annäherung bewusst zu gestalten und nicht aufgrund der bereits gefühlten Vertrautheit zu überstürzen.

3. **Von der Idealisierung zur Realität**: Die Phase des Kennenlernens in Person bringt unweigerlich Überraschungen mit sich – manche erfreulich, manche herausfordernd. Die Kunst besteht darin, das idealisierte Bild, das sich möglicherweise in der Schriftphase gebildet hat, behutsam mit dem realen Menschen abzugleichen.

**4. Ausgewogene Aktivitätenplanung**: Planen Sie Begegnungen, die verschiedene Seiten Ihrer Persönlichkeiten ansprechen:

- o Gespräche in ruhiger Umgebung für den intellektuellen Austausch

- o Gemeinsame Aktivitäten für das Erleben praktischer Kompatibilität

- o Soziale Situationen, um sich in unterschiedlichen Kontexten kennenzulernen

- o Alltägliche Momente, die Einblick in gewöhnliche Verhaltensweisen geben

**5. Bewusste Verletzlichkeit**: Der schrittweise Aufbau von Intimität – emotional, intellektuell und schließlich auch physisch – erfordert die Bereitschaft, sich verletzlich zu zeigen. Dies bedeutet nicht, alle Grenzen aufzugeben, sondern sich bewusst zu öffnen, wo es stimmig erscheint.

**6. Kommunikation über die Kommunikation**: Sprechen Sie offen darüber, wie Sie die Entwicklung Ihrer Beziehung erleben und welches Tempo für Sie angemessen ist. Metakommunikation schafft Klarheit und verhindert Missverständnisse.

## Strategien zur Kommunikationsentwicklung

Eine gesunde Kommunikation ist das Rückgrat jeder gelungenen Beziehung. Hier einige Ansätze zur bewussten Weiterentwicklung:

1. **Beibehalten schriftlicher Elemente**: Integrieren Sie weiterhin schriftliche Kommunikation in Ihren Austausch – sei es durch gelegentliche tiefgründige E-Mails, handgeschriebene Notizen oder thematische Gedankenaustausche zu Themen, die sich in Gesprächen entwickelt haben.

2. **Aktives Zuhören kultivieren**: Üben Sie bewusst, dem anderen Ihre volle Aufmerksamkeit zu schenken, nachzufragen und das Gehörte zu paraphrasieren, um Verständnis sicherzustellen.

3. **Unterschiedliche Kommunikationsstile respektieren**: Erkennen Sie an, dass Menschen unterschiedlich kommunizieren – manche brauchen Zeit zum Nachdenken, andere sprechen Gedanken sofort aus; manche drücken Gefühle direkt aus, andere indirekt. Diese Unterschiede wahrzunehmen und zu respektieren ist essentiell.

4. **Konfliktkommunikation entwickeln**: Lernen Sie frühzeitig, wie Sie beide mit Meinungsverschiedenheiten umgehen, und entwickeln Sie gemeinsame Strategien für konstruktive Konfliktlösung.

5. **Balance zwischen Tiefe und Leichtigkeit**: Eine gesunde Kommunikation umfasst sowohl tiefgründige, bedeutsame Gespräche als auch leichten, spielerischen Austausch. Beide Ebenen sind wichtig für eine ausgewogene Beziehung.

6. **Feedback-Kultur etablieren**: Schaffen Sie eine Atmosphäre, in der beide Seiten offen ausdrücken können, was sie am Verhalten des anderen

schätzen und was sie sich anders wünschen würden – ohne Angst vor negativen Reaktionen.

## Integration persönlicher Netzwerke

Die behutsame Verbindung der individuellen sozialen Welten ist ein wichtiger Schritt in einer sich entwickelnden Beziehung:

1.  **Schrittweise Einführung**: Beginnen Sie mit kleinen, entspannten Begegnungen mit einzelnen engen Freunden oder Familienmitgliedern, bevor Sie größere soziale Situationen planen.

2.  **Gegenseitige Vorbereitung**: Geben Sie Ihrem Partner Hintergrundinformationen über die Menschen, die er kennenlernen wird, und über bestehende Dynamiken oder Besonderheiten in Ihrem sozialen Kreis.

3.  **Beobachtung ohne Bewertung**: Achten Sie darauf, wie Ihr Partner mit Ihrem sozialen Umfeld interagiert, ohne vorschnelle Urteile zu fällen. Unterschiedliche soziale Stile können komplementär sein.

4.  **Raum für Reflexion**: Planen Sie nach sozialen Begegnungen Zeit für einen privaten Austausch über die Erfahrungen und Eindrücke beider Seiten.

5.  **Respekt für bestehende Bindungen**: Erkennen Sie an, dass bestehende Freundschaften und Familienbeziehungen Zeit brauchen, um sich an

eine neue Konstellation anzupassen, und dass Loyalitätskonflikte entstehen können.

6. **Balance der sozialen Integration**: Streben Sie eine ausgewogene Integration beider sozialer Netzwerke an, ohne dass eines dominiert oder vernachlässigt wird.

Eine Teilnehmerin unserer Studie beschrieb diesen Prozess treffend: "Als ich Thomas in meinen Freundeskreis einführte, sah ich ihn plötzlich durch neue Augen – wie er sich bemühte, jeden kennenzulernen, wie er aufmerksam zuhörte. Das zeigte mir eine neue Seite von ihm, die ich in unseren Zweiergesprächen so nicht gesehen hatte."

## Zeitliche Erwartungen

Jede Beziehung entwickelt sich in ihrem eigenen Tempo. Dennoch gibt es einige zeitliche Orientierungspunkte, die hilfreich sein können:

1. **Die ersten drei Monate**: Typischerweise eine Phase intensiven Kennenlernens mit häufigeren Treffen und der Entdeckung grundlegender Kompatibilität.

2. **Drei bis sechs Monate**: In dieser Phase vertiefen sich Gespräche oft zu fundamentaleren Lebensfragen, und erste Alltagsroutinen etablieren sich.

3. **Sechs bis zwölf Monate**: Nun werden meist bewusstere Entscheidungen über die gemeinsame Zukunft getroffen, und das Paar navigiert erste größere Herausforderungen gemeinsam.

4. **Individuelle Faktoren**: Diese Zeitrahmen können stark variieren basierend auf:

   o Alter und Lebenserfahrung der Beteiligten

   o Geografischer Nähe und Kontakthäufigkeit

   o Vorherigen Beziehungserfahrungen

   o Persönlichen und kulturellen Präferenzen

5. **Meilensteine vs. organische Entwicklung**: Vermeiden Sie es, Ihre Beziehung an externen Meilensteinen zu messen ("Nach sechs Monaten sollte man..."). Jede Beziehung hat ihren eigenen Rhythmus.

6. **Kommunikation über Erwartungen**: Sprechen Sie offen über Ihre Vorstellungen bezüglich des Tempos der Beziehungsentwicklung, um Missverständnisse zu vermeiden.

## Übergang zu konventionellen Beziehungsdynamiken

Mit der Zeit wird aus der besonderen Begegnung, die durch eine Kleinanzeige initiiert wurde, eine "normale" Beziehung. Dieser Übergang verdient besondere Aufmerksamkeit:

1. **Bewahrung des Besonderen**: Halten Sie die Erinnerung an Ihren ungewöhnlichen

Kennenlernprozess lebendig, etwa durch Aufbewahren der ersten Nachrichten oder Feiern des "Anzeigen-Jubiläums".

2. **Transfer der Kommunikationsqualität**: Bewahren Sie die Qualitäten Ihrer anfänglichen Kommunikation – die Achtsamkeit, Tiefe und Reflexion, die oft kennzeichnend für den schriftlichen Austausch waren.

3. **Vermeidung von Routine-Fallen**: Bleiben Sie neugierig aufeinander und vermeiden Sie die Annahme, den anderen bereits vollständig zu kennen. Menschen entwickeln sich kontinuierlich weiter.

4. **Balance zwischen Verschmelzung und Autonomie**: Finden Sie ein gesundes Gleichgewicht zwischen gemeinsamer Identität als Paar und Bewahrung individueller Räume und Interessen.

5. **Bewusste Entscheidungen statt Beziehungs-Autopilot**: Treffen Sie aktive Entscheidungen über die Gestaltung Ihrer Beziehung, anstatt unbewusst gesellschaftlichen Skripten zu folgen.

6. **Reflexion und Wachstum**: Nehmen Sie sich regelmäßig Zeit, gemeinsam über Ihre Beziehung zu reflektieren – was funktioniert gut, was könnte verbessert werden, welche neuen Aspekte möchten Sie erforschen?

Eine Teilnehmerin unserer Interviews fasste diesen Prozess schön zusammen: "Was als formelle Korrespondenz begann, wurde zu den tiefsten Gesprächen meines Lebens und schließlich zu einem gemeinsamen Alltag, der immer noch von dieser besonderen Art der Aufmerksamkeit füreinander geprägt ist."

Die besondere Art des Kennenlernens über eine Kleinanzeige kann ein wertvolles Fundament für eine Beziehung schaffen, die von bewusster Kommunikation, tiefem gegenseitigen Verständnis und der Wertschätzung des gemeinsamen Weges geprägt ist.

# Fazit

## Zusammenfassung der wichtigsten Strategien

Unsere Reise durch die Welt der Partnersuche über Kleinanzeigen hat uns eine Vielzahl wertvoller Erkenntnisse und praktischer Strategien vermittelt:

1. **Selbsterkenntnis als Ausgangspunkt**: Der Erfolg beginnt mit einem klaren Verständnis der eigenen Wünsche, Werte und dessen, was Sie in eine Beziehung einbringen können. Diese Reflexion schafft die Basis für authentische Selbstpräsentation.

2. **Kommunikative Sorgfalt**: Die Kunst der wohldurchdachten, ausdrucksstarken Formulierung – sei es in Ihrer eigenen Anzeige oder in Antworten – ist ein Schlüsselelement, das Kleinanzeigen von flüchtigeren Kontaktformen unterscheidet.

3. **Schrittweiser Vertrauensaufbau**: Der graduelle, überlegte Prozess des Kennenlernens über verschiedene Kommunikationsebenen hinweg schafft ein solides Fundament für tiefergehende Verbindungen.

4. **Balance zwischen Offenheit und Schutz**: Die bewusste Navigation zwischen authentischer Selbstoffenbarung und dem Schutz der eigenen Privatsphäre ist essentiell für ein sicheres und erfüllendes Kennenlernen.

5. **Geduld als Tugend**: Die Erkenntnis, dass bedeutungsvolle Verbindungen Zeit brauchen, um zu wachsen, und dass Qualität wichtiger ist als Quantität, prägt den gesamten Prozess.

6. **Reflektierte Übergänge**: Der bewusste Übergang von schriftlicher zu mündlicher Kommunikation und weiter zu persönlichen Begegnungen bildet ein zentrales Element des Kleinanzeigen-Weges.

7. **Fortlaufende Selbstreflexion**: Die Bereitschaft, aus jeder Interaktion zu lernen und das eigene Vorgehen kontinuierlich anzupassen, unterscheidet erfolgreiche von frustrierten Suchenden.

Diese Prinzipien bilden zusammen einen Ansatz, der nicht nur zu romantischen Verbindungen führen kann, sondern auch zu einem tieferen Verständnis zwischenmenschlicher Kommunikation und persönlicher Bedürfnisse.

## Die Zukunft der Kontaktanzeigen-Verbindungen

In einer Zeit beschleunigter digitaler Kommunikation und algorithmusbasierter Partnerwahl erleben wir paradoxerweise eine Renaissance bewusster, entschleunigter Kontaktformen. Die Kleinanzeige – ob in Print oder als digitalem Format – bietet hier eine bemerkenswerte Nische:

1. **Gegenbewegung zur Oberflächlichkeit**: In einer Dating-Kultur, die zunehmend von schnellen Entscheidungen basierend auf Äußerlichkeiten geprägt ist, repräsentieren Kleinanzeigen eine bewusste Entscheidung für Tiefe und Substanz.

2. **Hybridformen der Zukunft**: Wir beobachten die Entstehung neuer Formate, die die Vorzüge traditioneller Kleinanzeigen mit digitalen Möglichkeiten verbinden – etwa Plattformen, die zunächst ausschließlich textbasierte Kommunikation ermöglichen, bevor weitere Informationen geteilt werden.

3. **Wachsende Wertschätzung für Langsamkeit**: Der gesellschaftliche Trend zu "Slow Dating" – einem bewussteren, entschleunigten Kennenlernprozess – spielt dem Kleinanzeigenformat in die Hände, das von jeher auf Qualität statt Quantität ausgerichtet war.

4. **Demografische Verbreiterung**: Was einst als Format für ältere Generationen galt, findet zunehmend Anklang auch bei jüngeren Menschen, die nach Alternativen zu den Enttäuschungen oberflächlicher Dating-Apps suchen.

5. **Kulturelle Bereicherung**: Die Vielfalt der Publikationen mit Kontaktrubriken – von literarischen Zeitschriften bis zu Special-Interest-Magazinen – ermöglicht ein

zielgerichteteres Finden von Menschen mit ähnlichen Werten und Interessen.

Die Zukunft der Partnersuche über Kleinanzeigen liegt nicht in der Konkurrenz mit digitalen Massenplattformen, sondern in der bewussten Kultivierung eines alternativen, auf Tiefe und Authentizität ausgerichteten Weges.

## Abschließende Gedanken und Ermutigung

Am Ende unserer gemeinsamen Reise durch dieses Buch möchte ich Ihnen einige ermutigende Gedanken mit auf den Weg geben:

Der Weg der Partnersuche über Kleinanzeigen ist nicht immer der einfachste oder schnellste – aber er kann einer der bereicherndsten sein. Er fordert uns heraus, uns selbst ehrlich zu betrachten, unsere Gedanken klar zu artikulieren und echtes Interesse am anderen zu entwickeln.

Jede Anzeige, die Sie verfassen, jede Antwort, die Sie schreiben, ist ein Akt der Hoffnung und des Mutes. Sie zeigen damit Ihre Bereitschaft, eine tiefere Verbindung einzugehen, in einer Welt, die oft von Flüchtigkeit geprägt ist.

Die besondere Magie dieses Weges liegt in seiner Unvorhersehbarkeit. Hinter jeder Anzeige, hinter jeder Antwort steht ein Mensch mit einer einzigartigen Geschichte, Persönlichkeit und Perspektive. Diese Begegnungen – selbst jene, die nicht zu dauerhaften

Beziehungen führen – können unser Leben bereichern und unseren Horizont erweitern.

Denken Sie daran: Die bedeutungsvollsten Verbindungen entstehen oft an unerwarteten Orten und auf ungewöhnlichen Wegen. Die Kleinanzeige mag auf den ersten Blick anachronistisch erscheinen, aber sie verkörpert zeitlose Werte: die Kraft des geschriebenen Wortes, die Bedeutung durchdachter Kommunikation und den Wert des geduldigen Kennenlernens.

Ob Sie am Anfang Ihrer Suche stehen oder bereits Erfahrungen gesammelt haben – ich hoffe, dass dieses Buch Ihnen nicht nur praktische Werkzeuge an die Hand gegeben hat, sondern auch die Zuversicht, dass bedeutungsvolle Verbindungen möglich sind, wenn wir ihnen mit Offenheit, Authentizität und einem Hauch von Abenteuerlust begegnen.

Wie der Dichter Rainer Maria Rilke schrieb: "Geduld ist alles." Auf Ihrem Weg zur Liebe über das geschriebene Wort wünsche ich Ihnen diese Geduld, gepaart mit der Beharrlichkeit und dem Vertrauen, dass irgendwo da draußen jemand Ihre Worte liest und denkt: "Das könnte der Mensch sein, den ich kennenlernen möchte."

# Anhang

## Vorlagen für verschiedene Arten von Anzeigen

### Vorlage 1: Für die kulturbetonte, reflektierte Persönlichkeit

GEDANKENAUSTAUSCH MIT TIEFGANG GESUCHT

[Mann/Frau], [Alter], [Beruf/Hintergrund] mit Leidenschaft für [spezifisches kulturelles Interesse] und [zweites Interesse] sucht [gewünschtes Geschlecht] für inspirierende Gespräche und gemeinsame Entdeckungen.

Meine Welt bewegt sich zwischen [konkretes Beispiel für Ihren Alltag] und [besondere Leidenschaft/Aktivität]. Was mich ausmacht: [zwei prägnante Charaktereigenschaften] und die Fähigkeit, [besondere Stärke oder Eigenschaft].

Wenn Du [gewünschte Eigenschaft], [zweite gewünschte Eigenschaft] bist und [gemeinsames Interesse/Aktivität] zu Deinen Vorstellungen eines erfüllten Lebens gehört, würde ich mich über einen Gedankenaustausch freuen.

[Chiffre oder Kontaktmöglichkeit]

## Vorlage 2: Für die aktive, naturverbundene Persönlichkeit

GEMEINSAME WEGE ENTDECKEN

[Beruf], [Alter], mit Begeisterung für [Outdoor-Aktivität] und [zweites Interesse] sucht [gewünschtes Geschlecht] mit eigenem Kopf und Freude an der Natur.

In meinem Leben haben sowohl [Aspekt Ihres aktiven Lebensstils] als auch [ruhigerer Aspekt/Interesse] ihren Platz. Was mir wichtig ist: [Wert oder Lebenseinstellung], [zweiter Wert] und die Balance zwischen Aktivität und Ruhe.

Du stehst mit beiden Beinen im Leben, findest Erfüllung in [ähnliches Interesse] und bist offen für neue Perspektiven? Dann lass uns herausfinden, ob unsere Wege sich kreuzen könnten.

[Chiffre oder Kontaktmöglichkeit]

## Vorlage 3: Für die familien- und beziehungsorientierte Persönlichkeit

GEMEINSAM STATT EINSAM

[Familienstand], [Alter], [Beruf] mit Wertschätzung für [Lebenswert] und [Hobby/Interesse] sucht [gewünschtes Geschlecht] für eine verbindliche, warmherzige Beziehung.

Mein Leben ist geprägt von [positiver Aspekt Ihrer Lebenssituation] und der Überzeugung, dass [persönliches Lebensmotto oder wichtiger Wert]. Ich bringe [positive Eigenschaft], [zweite positive Eigenschaft] und [dritte Eigenschaft] in eine Beziehung ein.

Wenn Du [gewünschte Eigenschaft], [zweite gewünschte Eigenschaft] bist und Dir [gemeinsames Ziel oder Wert] ebenfalls am Herzen liegt, freue ich mich auf Deine Zeilen.

[Chiffre oder Kontaktmöglichkeit]

## Vorlage 4: Für die beruflich engagierte, unabhängige Persönlichkeit

ZWEI UNABHÄNGIGE WEGE, EIN GEMEINSAMES ZIEL?

[Beruf], [Alter], mit Leidenschaft für meine Arbeit und [außerberufliches Interesse] sucht [gewünschtes Geschlecht] auf Augenhöhe für eine Beziehung, die Raum für individuelle Entfaltung und tiefe Verbundenheit bietet.

Meine Welt verbindet [beruflicher Aspekt] mit [persönlicher Aspekt]. Ich schätze [Wert], [zweiter Wert] und die Kunst, Nähe und Eigenständigkeit zu balancieren.

Du stehst selbstbewusst im Leben, hast eigene Träume und Ziele, und suchst jemanden, der

Dich dabei unterstützt statt einengt? Dann könnten wir auf einer Wellenlänge sein.

[Chiffre oder Kontaktmöglichkeit]

# Antwortvorlagen

### Vorlage 1: Erste Antwort auf eine Anzeige

Guten Tag,

Ihre Anzeige in [Publikation/Plattform] hat mich besonders angesprochen, vor allem Ihre Gedanken zu [spezifischer Aspekt der Anzeige, der Sie angesprochen hat]. Diese Sichtweise resoniert mit mir, da [persönlicher Bezug oder ähnliche Erfahrung].

Kurz zu mir: Ich bin [Alter], [Beruf/Tätigkeit] und finde Erfüllung in [Interesse/Hobby], [zweites Interesse] und [dritter Aspekt Ihres Lebens]. Was mich an Ihrer Anzeige besonders neugierig gemacht hat, ist [spezifischer Punkt, zu dem Sie eine Verbindung spüren].

[Eine oder zwei Fragen, die an Interessen oder Aussagen der inserierenden Person anknüpfen]

Ich würde mich freuen, mehr von Ihnen zu erfahren und vielleicht einen Gedankenaustausch zu beginnen.

Mit freundlichen Grüßen,
[Ihr Vorname]
[Kontaktmöglichkeit]

## Vorlage 2: Zweite/Folgenachricht bei positivem Austausch

Liebe/r [Vorname],

vielen Dank für Ihre Antwort, die mir einen interessanten ersten Einblick in Ihre Gedankenwelt gegeben hat. Ihre Beschreibung von [Bezug auf einen Inhalt aus der ersten Antwort] hat mich zum Nachdenken darüber gebracht, wie [eigener Gedanke oder Erfahrung zum Thema].

Sie erwähnten Ihr Interesse an [Thema aus vorheriger Nachricht]. Dazu würde ich gerne mehr erfahren: [spezifische Frage zum Thema]. In meinem Leben spielt dieser Bereich eine [Bedeutung des Themas für Sie] Rolle, weil [persönlicher Bezug].

Außerdem bin ich neugierig: [neue Frage zu einem noch nicht besprochenen Aspekt, der in der Anzeige oder ersten Antwort anklang].

Ich freue mich auf Ihre Gedanken und den weiteren Austausch.

Herzliche Grüße,
[Ihr Vorname]

## Vorlage 3: Vorschlag für ein Telefonat nach längerem Schriftwechsel

Liebe/r [Vorname],

unser Austausch der letzten [Zeitraum] hat mir viel Freude bereitet. Besonders Ihre Gedanken zu [spezifisches Thema aus dem bisherigen Austausch] haben bei mir nachgewirkt und neue Perspektiven eröffnet.

Nach diesem anregenden schriftlichen Kennenlernen würde ich gerne den nächsten

Schritt wagen und Ihre Stimme hören. Ein
Telefonat könnte unserem Austausch eine neue
Dimension geben und uns helfen, ein noch
besseres Gefühl füreinander zu entwickeln.

Falls Sie dieser Gedanke anspricht, wäre ich
[Tag/e] abends ab [Uhrzeit] oder [alternativer
Zeitraum] erreichbar. Natürlich respektiere
ich vollkommen, wenn Sie den schriftlichen
Austausch zunächst fortsetzen möchten.

Ich freue mich auf Ihre Gedanken dazu.

Herzliche Grüße,
[Ihr Vorname]
[optional: Telefonnummer]

## Vorlage 4: Höfliches Beenden einer Korrespondenz

Liebe/r [Vorname],

ich danke Ihnen für den interessanten
Austausch der letzten [Zeitraum]. Unsere
Gespräche haben mir neue Einblicke gegeben und
waren in vielerlei Hinsicht bereichernd.

Nach einiger Reflexion habe ich jedoch das
Gefühl, dass [vorsichtige, nicht verletzende
Formulierung des Grundes, z.B. "unsere
Vorstellungen von einer Beziehung in
unterschiedliche Richtungen gehen" oder "die
Chemie, die ich mir wünsche, sich nicht in dem
Maße entwickelt hat, wie ich es erhofft
hatte"].

Ich möchte Ihnen diesen Gedanken offen
mitteilen, statt die Kommunikation ohne
Erklärung ausklingen zu lassen, da ich den
respektvollen Umgang, den wir bisher gepflegt
haben, sehr schätze.

Ich wünsche Ihnen von Herzen alles Gute auf
Ihrem weiteren Weg und bin sicher, dass Sie

die Verbindung finden werden, die zu Ihnen und
Ihren Wünschen passt.

Mit freundlichen Grüßen,
[Ihr Vorname]

## Sicherheitscheckliste

**Vor dem Inserieren oder Antworten:**

- [ ] Separate E-Mail-Adresse oder Kontaktmöglichkeit eingerichtet

- [ ] Pseudonym oder Vorname statt vollem Namen verwendet

- [ ] Anzeigentext auf identifizierende Details überprüft

- [ ] Bei Fotos: Metadaten entfernt und Erkennbarkeit geprüft

**Während der Korrespondenzphase:**

- [ ] Kritische persönliche Informationen (voller Name, Adresse, Arbeitgeber) zurückgehalten

- [ ] Vorsicht bei der Kombination von Informationen, die Identifikation ermöglichen könnten

- [ ] Regelmäßige Überprüfung auf Warnzeichen oder Inkonsistenzen

- [ ] Keine finanziellen Informationen oder Unterstützung thematisiert

- [ ] Keine vertraulichen persönlichen Dokumente oder Ausweise geteilt

**Vor dem ersten Treffen:**

- [ ] Telefonat oder Videogespräch geführt

- [ ] Internetsuchanfragen zur Plausibilitätsprüfung durchgeführt

- [ ] Vertrauensperson über Details des Treffens informiert

- [ ] Öffentlicher, belebter Treffpunkt ausgewählt

- [ ] Eigene An- und Abreise geplant

- [ ] "Check-in"-System mit einem Freund vereinbart

**Beim ersten Treffen:**

- [ ] Telefon vollständig aufgeladen und mit ausreichend Guthaben

- [ ] Auf eigenes Bauchgefühl hören und bei Unbehagen das Treffen beenden

- [ ] Übermäßigen Alkoholkonsum vermeiden

- [ ] Persönliche Wertsachen sicher aufbewahren

- [ ] Vereinbarte Check-ins mit Vertrauensperson einhalten

- [ ] Klaren zeitlichen Rahmen setzen mit Option zur Verlängerung

**Nach dem ersten Treffen:**

- [ ] Reflexion über das Treffen und eigene Gefühle dazu

- [ ] Keine überstürzten Entscheidungen treffen

- [ ] Bei Unbehagen oder Warnzeichen Kontakt höflich beenden

- [ ] Bei positiver Erfahrung nächste Schritte bewusst planen

**Allgemeine Sicherheitsregeln:**

- [ ] Niemals Geld senden oder finanzielle Hilfe leisten

- [ ] Keine wertvollen Geschenke in frühen Phasen annehmen oder machen

- [ ] Behutsamer Umgang mit intimen Fotos oder Informationen

- [ ] Bei Verdacht auf betrügerisches Verhalten: Kontakt abbrechen und ggf. melden

- [ ] Persönliche Wohnaddresse erst nach ausreichendem Vertrauensaufbau preisgeben

# Regionale Publikationslisten

**Überregionale Publikationen (deutschsprachiger Raum):**

- Süddeutsche Zeitung (Wochenendausgabe)

- Frankfurter Allgemeine Zeitung (Wochenendausgabe)

- Die Zeit

- Neue Zürcher Zeitung (Schweiz)

- Der Standard (Österreich)

- Die Presse (Österreich)

**Regionale Tageszeitungen mit aktiven Kontaktrubriken:**

- Berliner Morgenpost

- Kölner Stadt-Anzeiger

- Rheinische Post

- Münchner Merkur

- Hamburger Abendblatt

- Leipziger Volkszeitung

- Stuttgarter Nachrichten

- Hannoversche Allgemeine Zeitung

**Spezielle Kontaktmagazine:**

- Traumpartner

- Kontakte

- Freizeit-Treff

- Partnertreff aktuell

**Special-Interest-Magazine:**

- Outdoor (für Naturbegeisterte)

- Brigitte (Frauenzeitschrift mit Kontaktbörse)

- Geo Saison (für Reisebegeisterte)

- Landlust (für Landliebhaber)

- Klassik-Magazine (für Kulturinteressierte)


**Online-Kleinanzeigenportale:**

- eBay Kleinanzeigen (Rubrik "Kontakte")

- Quoka.de

- Markt.de

- Kleinanzeigen.de

- Nullbarriere.de (für Menschen mit Behinderung)

- Gleichklang.de (für ökologisch und alternativ orientierte Menschen)

**Lokale Wochenblätter:** Diese kostenlos verteilten lokalen Zeitungen haben oft günstige Anzeigenpreise und erreichen ein breites lokales Publikum. Die Namen variieren je nach Region.

## Glossar gängiger Begriffe und Abkürzungen

**Allgemeine Begriffe:**

- **Chiffre**: Kennwort oder Kennnummer, unter der Antworten auf eine Anzeige gesammelt werden

- **Annonce**: Andere Bezeichnung für eine (Kontakt-)Anzeige

- **Inserat**: Andere Bezeichnung für eine Anzeige

- **Inserent/in**: Person, die eine Anzeige aufgibt

- **Respondent/in**: Person, die auf eine Anzeige antwortet

**Typische Abkürzungen in Anzeigen:**

- **NR**: Nichtraucher/in

- **NT**: Nichttrinker/in

- **o. TG**: ohne Tierhaare/Tierhaarallergie

- **m. K.**: mit Kind(ern)

- **o. K.**: ohne Kind(er)

- **Akad.**: Akademiker/in

- **OFT**: Ortsfreie Treffen (Bereitschaft, für Treffen zu reisen)

- **FP**: Feste Partnerschaft (gesucht)

- **Bi**: Bisexuell

- **PLZ**: Postleitzahl (oft angegeben, um geografische Nähe anzuzeigen)

- **BmB**: Bild mit Bitte (Anfrage nach einem Foto)

**Typische Phrasen und ihre Bedeutung:**

- **"Auf Augenhöhe"**: Wunsch nach einer gleichberechtigten Beziehung

- **"Für alles offen"**: Flexibilität bezüglich der Art der entstehenden Beziehung

- **"Niveau/niveauvoll"**: Wunsch nach gebildetem, kultiviertem Umgang

- **"Finanziell unabhängig"**: Signal wirtschaftlicher Selbstständigkeit

- **"Junggeblieben"**: Ältere Person, die sich vital und aktiv fühlt

- **"Abenteuerlustig"**: Offenheit für neue Erfahrungen, manchmal auch Hinweis auf Reiselust

- **"Gepflegte Erscheinung"**: Wert auf äußere Erscheinung legend

- **"Kulturell interessiert"**: Interesse an Kunst, Theater, Literatur, Konzerten etc.

- **"Naturverbunden"**: Vorliebe für Aktivitäten im Freien, ländliches Leben oder Umweltthemen

- **"Bodenständig"**: Praktisch veranlagt, nicht abgehoben, oft auch traditionell orientiert

**Online-spezifische Begriffe:**

- **Profil**: Die Gesamtheit der Informationen, die eine Person auf einer Online-Plattform teilt

- **Matching**: Automatisierte Vorschläge potenzieller Partner auf Basis von Algorithmen

- **Filter**: Einstellmöglichkeiten zur Eingrenzung der Suche nach bestimmten Kriterien

- **Verifizierung**: Bestätigung der Identität einer Person auf einer Plattform

# Ressourcen für weiterführende Lektüre

**Bücher zum Thema Kommunikation in Beziehungen:**

- "Die 5 Sprachen der Liebe" von Gary Chapman

- "Miteinander reden" (3 Bände) von Friedemann Schulz von Thun

- "Gewaltfreie Kommunikation" von Marshall B. Rosenberg

- "Liebe und Eigenständigkeit" von Erich Fromm
- "Wege zur Liebe" von Osho

**Bücher zur Selbstreflexion und Persönlichkeitsentwicklung:**

- "Der Weg des Künstlers" von Julia Cameron
- "Das Kind in dir muss Heimat finden" von Stefanie Stahl
- "Die Kraft der Selbstannahme" von Tara Brach
- "Radical Acceptance" von Tara Brach (englisch)
- "Achtsame Kommunikation" von Thich Nhat Hanh

**Lesenswerte Artikel und Studien:**

- "The Psychology of Written Communication in Romantic Relationships" (Journal of Social and Personal Relationships)

- "Text vs. Talk: Is written or verbal communication more effective?" (Psychology Today)

- "Slow Dating: A Sustainable Approach to Finding Love" (Zeitschrift für Beziehungspsychologie)

- "Die Renaissance der Briefkultur in digitalen Zeiten" (Zeit Online)

- "Algorithmen vs. Intuition: Wie finden wir wirklich zusammen?" (Spektrum der Wissenschaft)

**Podcasts zum Thema Beziehungen und Kommunikation:**

- "Beziehungsweise"

- "Paarsein"

- "Der Beziehungspodcast"

- "Slow Love"

- "Liebe, Sex, Gespräche

**Nützliche Webseiten und Online-Ressourcen:**

- singleboersen-vergleich.de (Unabhängige Bewertungen von Dating-Plattformen)

- typografie.info (Tipps zur ansprechenden Gestaltung von Texten)

- kommunikationstraining-online.de (Übungen zur Verbesserung der eigenen Kommunikationsfähigkeit)

- flirtuniversity.de (Humorvolle, aber fundierte Tipps zum Thema Kennenlernen)

- persoenlichkeitsanalyse-online.de (Kostenlose Tests zur Selbstreflexion)

Mit diesen umfassenden Ressourcen, Vorlagen und Checklisten sind Sie bestens ausgestattet, um den Weg der Partnersuche über Kleinanzeigen erfolgreich zu beschreiten. Nutzen Sie diese Werkzeuge als Inspiration und passen Sie sie an Ihre individuelle Persönlichkeit und Situation an.

Ich wünsche Ihnen viel Erfolg und bereichernde Begegnungen auf Ihrem Weg!

Linnea Sternglanz